Spanish

Picture Dictionary

Spanish
Picture Dictionary

Berlitz Kids™
Berlitz Publishing Company, Inc.

Princeton   Mexico City   London
          Eschborn   Singapore

Copyright © 1997 by Berlitz Publishing Company, Inc.
Berlitz Kids™
400 Alexander Park
Princeton, NJ 08540

Berlitz Kids is a trademark of, and the Berlitz name and logotype
are registered trademarks of, Berlitz Investment Corporation.

Cover illustration by Chris L. Demarest
Interior illustrations by Chris L. Demarest (pages 3, 5, 7-9, 12-23, 26-43,
46-51, 54-67, 70-75, 78-85, 88-107, and 110-119)
Anna DiVito (pages 24, 25, 52, 53, 76, 77, 86, 87, and 120-123)
Claude Martinot (pages 10, 11, 44, 45, 68, 69, 108, and 109)

Printed in SINGAPORE

Library of Congress Cataloging-in-Publication Data

Spanish picture dictionary / [illustrations by Chris Demarest].
p. cm.
Summary: Provides over 1,000 entries for terms in English and Spanish
with sentences in both languages to show proper usage.

ISBN 2–8315–6257–0

1. Picture dictionaries, Spanish—Juvenile literature. 2. Picture dictionaries,
English—Juvenile literature. 3. Spanish language—Dictionaries, Juvenile—
English. 4. English language—Dictionaries, Juvenile—Spanish. [1. Picture
dictionaries, Spanish. 2. Picture dictionaries, English. 3. Spanish language
materials—Bilingual.] I. Demarest, Chris L., ill.
PC4629.S63 1997
863'.21 dc21   97–36273
                                                                      CIP
                                                                      AC

5 7 9 10 8 6 4

Dear Parents,

The Berlitz Kids™ *Picture Dictionary* will create hours of fun and productive learning for you and your child. Children love sharing books with adults, and reading together is a natural way for your child to develop second-language skills in an enjoyable and entertaining way.

In 1878, Professor Maximilian Berlitz had a revolutionary idea about making language learning accessible and fun. These same principles are still successfully at work today. Now, more than a century later, people all over the world recognize and appreciate his innovative approach. Berlitz Kids™ combines the time-honored traditions of Professor Berlitz with current research to create superior products that truly help children learn foreign languages.

Berlitz Kids™ materials let your child gain access to a second language in a positive way. The content and vocabulary in this book have been carefully chosen by language experts to provide basic words and phrases that form the foundation of a core vocabulary. In addition, the book will delight your child, since each word is used in an amusing sentence in both languages, and then illustrated in an engaging style. The pictures are a great way to capture your child's attention!

You will notice that most words are listed as separate entries. Every so often, though, there is a special page that shows words grouped together by theme. For example, if your child is especially interested in animals, he or she will find a special Animals page with lots of words and pictures grouped there—in both English and the foreign language. In addition, to help your child with phrases used in basic conversation, you and your child may want to look at the back of the book, where phrases about such things as meeting new people and a family dinner can be found.

The Berlitz Kids™ *Picture Dictionary* has an easy-to-use index at the back of the book. This index lists the words in alphabetical order in the second language, and then gives the English translation, and the page number where the word appears in the main part of the book.

We hope the Berlitz Kids™ *Picture Dictionary* will provide you and your child with hours of enjoyable learning.

The Editors at Berlitz Kids™

a/an
un/una

A sandwich and an apple are the cat's lunch.

El gato come un emparedado y una manzana de almuerzo.

across
al otro lado

The fork is across from the spoon.

El tenedor está al otro lado de la cuchara.

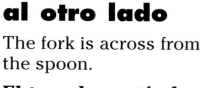

to add
sumar

I like to add numbers.

Me gusta sumar números.

adventure
la aventura

What an adventure!

¡Qué aventura!

afraid
el miedo

The elephant is afraid.

El elefante tiene miedo.

after
después

She eats an apple after lunch.

Ella come una manzana después del almuerzo.

again and again
una y otra vez

She jumps again and again.

Ella salta una y otra vez.

to agree
estar de acuerdo

They need to agree.

Ellos necesitan estar de acuerdo.

air
el aire

A balloon is full of air.

Un globo está lleno de aire.

airplane *See Transportation (page 108).*
el avión *Ver Los medios de transporte (página 108).*

airport
el aeropuerto

Airplanes land at an airport.

Los aviones aterrizan en el aeropuerto.

all
todas

All the frogs are green.

Todas las ranas son verdes.

alligator *See Animals (page 10).*
el caimán *Ver Los animales (página 10).*

almost
casi

He can almost reach it.

Casi lo alcanza.

along
por

There are birds along the path.

Hay aves por el camino.

already
ya

He already has a hat.

Él ya tiene un sombrero.

and
y

I have two sisters and two brothers.

Yo tengo dos hermanas y dos hermanos.

to answer
responder

Who wants to answer the teacher's question?

¿Quién quiere responder a la pregunta de la maestra?

ant *See Insects (page 52).*
la hormiga *Ver Los insectos (página 52).*

apartment
el apartamento

He is in the apartment.

**Él está en
el apartamento.**

apple
la manzana

The apple is falling.

**La manzana
se cae.**

April
abril

The month after
March is April.

**El mes que sigue
a marzo es abril.**

marzo

abril

arm *See People (page 76).*
el brazo *Ver Las personas (página 76).*

armadillo
el armadillo

Some armadillos
live in Mexico.

**Algunos armadillos
viven en México.**

around
alrededor

Someone is walking
around the stool.

**Alguien camina
alrededor
del banquillo.**

art
el arte

Is it art?

¿Es arte?

as
como

He is as tall
as a tree!

**¡Él es tan alto
como un árbol!**

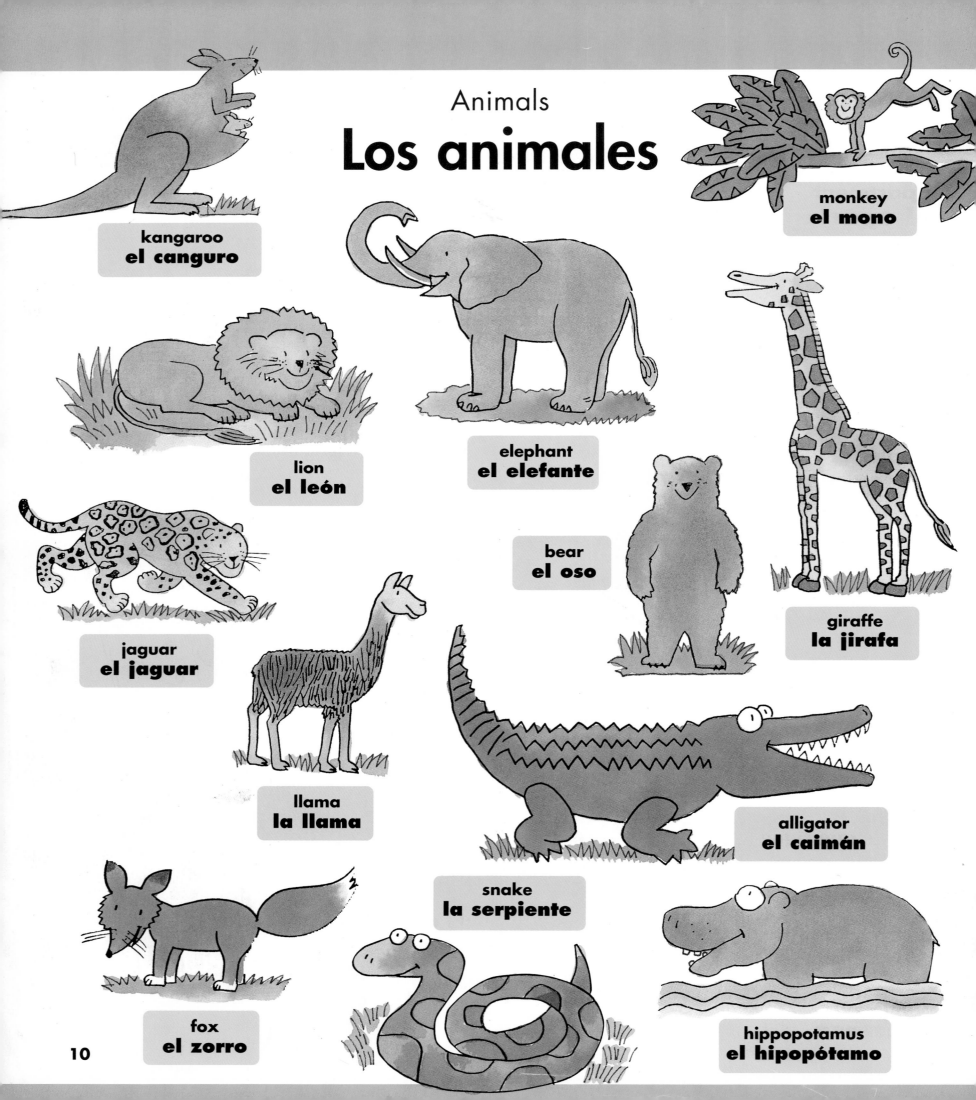

Animals
Los animales

monkey
el mono

kangaroo
el canguro

lion
el león

elephant
el elefante

giraffe
la jirafa

bear
el oso

jaguar
el jaguar

llama
la llama

alligator
el caimán

snake
la serpiente

fox
el zorro

hippopotamus
el hipopótamo

10

cow
la vaca

horse
el caballo

rooster
el gallo

goat
la cabra

chicken
el pollo

rabbit
el conejo

sheep
la oveja

pig
el cerdo

fish
el pez

duck
el pato

frog
la rana

11

to ask
preguntar

It is time to ask,
"Where are my sheep?"

**Llegó el momento
de preguntar:
—¿Dónde están
mis ovejas?**

aunt
la tía

My aunt is my
mom's sister.

**Mi tía es
la hermana
de mi mamá.**

at
en

The cat is
at home.

**El gato está
en casa.**

awake
despierto

The duck is awake.

**El pato está
despierto.**

attic *See Rooms in a House (page 86).*
el ático *Ver Los cuartos de una casa
(página 86).*

away
lejos

The cat is
going away.

**El gato se
va lejos.**

agosto

August
agosto

The month after
July is August.

**El mes que sigue
a julio es agosto.**

baby
el bebé

The baby likes to eat bananas.

Al bebé le gusta comer plátanos.

back
la espalda

She is scratching his back.

Ella le rasca la espalda.

bad
malo

What a bad, bad monster!

¡Qué monstruo tan malo!

bag
la bolsa

The bag is full.

La bolsa está llena.

bakery
la panadería

Mmm! Everything at the bakery smells great!

¡Mmm! ¡Todo huele muy rico en la panadería!

ball
la pelota

Can he catch the ball?

¿Puede él atrapar la pelota?

balloon
el globo

It is a balloon!

¡Es un globo!

banana
el plátano

The bananas are in the bowl.

Los plátanos están en la fuente.

band
la banda

The band is loud.

La banda toca fuerte.

bandage
la venda

She has a bandage on her knee.

Ella tiene una venda en la rodilla.

bank
la alcancía

Put your money into the bank!

¡Pon tu dinero en la alcancía!

barber
el barbero

The barber cuts my hair.

El barbero me corta el cabello.

to bark
ladrar

Dogs like to bark.

A los perros les gusta ladrar.

baseball
el béisbol
See Games and Sports (page 44).

Ver Los juegos y los deportes (página 44).

basement
el sótano
See Rooms in a House (page 86).

Ver Los cuartos de una casa (página 86).

basket
la canasta

What is in the basket?

¿Qué hay dentro de la canasta?

basketball
el baloncesto
See Games and Sports (page 44).

Ver Los juegos y los deportes (página 44).

bat
el murciélago

The bat is sleeping.

El murciélago duerme.

bat
el bate

Hit the ball with the bat!

¡Pégale a la pelota con el bate!

bath
bañarse

She is taking a bath.

Ella se baña.

bathroom
el baño
See Rooms in a House (page 86).

Ver Los cuartos de una casa (página 86).

to be
ser

Would you like to be my friend?

¿Quieres ser mi amigo?

beach
la playa

I like to play
at the beach.

**Me gusta jugar
en la playa.**

bed
la cama

The bed is next
to the table.

**La cama está al
lado de la mesa.**

beans
los frijoles

He likes to eat beans.

**A él le gustan
los frijoles.**

bedroom *See Rooms in a House (page 86).*
el dormitorio *Ver Los cuartos de una casa
(página 86).*

bee *See Insects (page 52).*
la abeja *Ver Los insectos (página 52).*

bear *See Animals (page 10).*
el oso *Ver Los animales (página 10).*

beetle *See Insects (page 52)*
el escarabajo *Ver Los insectos
(página 52).*

beautiful
bonitas

Look at the
beautiful things.

**Mira las cosas
bonitas.**

before
antes

Put on your socks
before you put on
your shoes.

**Ponte las medias
antes de ponerte
los zapatos.**

because
porque

She is wet
because it is raining.

**Ella está mojada
porque llueve.**

to begin
comenzar

She wants to begin
the painting.

**Ella quiere
comenzar a pintar.**

15

behind
detrás

The boy is
behind the tree.

**El niño está
detrás del árbol.**

best
la mejor

The red box
is the best.

**La caja roja
es la mejor.**

to believe
creer

This is too
good to believe.

**Esto es demasiado
bueno para
poder creerlo.**

better
mejor

The belt is better
than the pin.

**El cinturón es
mejor que
el imperdible.**

bell
la campana

Don't ring that bell!

**¡No toques esa
campana!**

between
entre

He is between
two trees.

**Él está entre
dos árboles.**

belt   *See Clothing (page 24).*
el cinturón   *Ver La ropa (página 24).*

bicycle   *See Transportation (page 108).*
la bicicleta   *Ver Los medios de transporte (página 108).*

berry
la baya

Those berries
look good.

**Esas bayas
parecen ricas.**

big
grande

He is very big.

**Él es muy
grande.**

biking *See Games and Sports (page 44).*
el ciclismo *Ver Los juegos y los deportes (página 44).*

bird
el ave

The bird is flying south for winter.

El ave vuela hacia el sur por el invierno.

birthday
el cumpleaños

She is one year old today. Happy birthday!

Hoy ella cumple un año. ¡Feliz cumpleaños!

black *See Numbers and Colors (page 68).*
negro *Ver Los números y los colores (página 68).*

blank
en blanco

The pages are blank.

Las páginas están en blanco.

blanket
la manta

What is under that blue blanket?

¿Qué hay debajo de esa manta azul?

blouse *See Clothing (page 24).*
la blusa *Ver La ropa (página 24).*

to blow
soplar

The wind is starting to blow.

Comienza a soplar el viento.

blue *See Numbers and Colors (page 68).*
azul *Ver Los números y los colores (página 68).*

boat *See Transportation (page 108).*
el barco *Ver Los medios de transporte (página 108).*

book
el libro

I am reading a book.

Leo un libro.

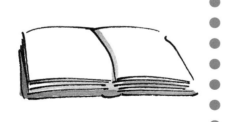

bookstore
la librería

You can buy a book at a bookstore.

En una librería puedes comprar un libro.

boots *See Clothing (page 24).*
las botas *Ver La ropa (página 24).*

bottle
la botella

The straw is in
the bottle.

**La pajita está
en la botella.**

bowl
la fuente

Some food is still
in the bowl.

**Aún hay comida
en la fuente.**

bowling *See Games and Sports (page 44).*
los bolos *Ver Los juegos y los deportes
(página 44)*

box
la caja

Why is that fox
in the box?

**¿Por qué está ese
zorro en la caja?**

boy
el niño

The boys
are brothers.

**Los niños
son hermanos.**

branch
la rama

Oh, no! Get off
that tree branch!

**¡Ay, no! ¡Bájate
de esa rama!**

brave
valiente

What a brave
mouse!

**¡Qué ratón
tan valiente!**

bread
el pan

He likes bread with
jam and butter.

**A él le gusta el pan
con jalea y mantequilla.**

to break
romper

It is easy to
break an egg.

**Es fácil romper
un huevo.**

breakfast
el desayuno

Morning is the time
for breakfast.

**El desayuno se
come a la mañana.**

bridge
el puente

The boat is under
the bridge.

**El barco está
debajo del puente.**

to bring
traer

She wants to bring
the lamb to school.

**Ella quiere traer
el cordero a
la escuela.**

broom
la escoba

A broom is for
sweeping.

**La escoba sirve
para barrer.**

brother
el hermano

He is my brother.

Él es mi hermano.

brown See Numbers and Colors (page 68).
marrón Ver Los números y los colores
(página 68).

brush
el cepillo

I need my
hairbrush.

**Necesito
mi cepillo.**

bubble
la burbuja

The bathtub is
full of bubbles.

**La bañera está
llena de burbujas.**

bug
el insecto

Do you know the
name of this bug?

**¿Sabes cómo se
llama este insecto?**

to build
construir

I want to build
a box.

**Quiero construir
una caja.**

bump
el bache

The bicycle
hit a bump.

**La bicicleta tropezó
contra un bache.**

bus *See Transportation (page 108).*
el autobús *Ver Los medios de transporte (página 108).*

butterfly *See Insects (page 52).*
la mariposa *Ver Los insectos (página 52).*

bush
el arbusto

A bird is in the bush.

Hay un pájaro en el arbusto.

button
el botón

One button is missing.

Falta un botón.

busy
ocupado

He is very busy.

Él está muy ocupado.

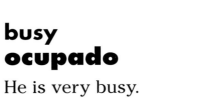

to buy
comprar

He wants to buy a banana.

Él quiere comprar un plátano.

but
pero

The pencil is on the table, but the book is on the chair.

El lápiz está sobre la mesa, pero el libro está sobre la silla.

by
al lado de

She is standing by the cheese.

Ella está al lado del queso.

butter
la mantequilla

The bread and butter taste good.

El pan con mantequilla sabe bien.

cage
la jaula

The bird is
on the cage.

**El ave está
sobre la jaula.**

cake
el pastel

She likes to
eat cake.

**A ella le gusta
comer pastel.**

to call
llamar

Remember to call
me again later.

**Acuérdate de
llamarme
nuevamente.**

camel
el camello

The camel is hot.

**El camello
tiene calor.**

camera
la cámara

Smile at the
camera!

**¡Sonríe frente a
la cámara!**

can
la lata

What is in
that can?

**¿Qué hay dentro
de esa lata?**

candle
la vela

She is lighting
the candle.

**Ella enciende
la vela.**

candy
el caramelo

Candy is sweet.

**El caramelo
es dulce.**

cap *See Clothing (page 24).*
la gorra *Ver La ropa (página 24).*

car *See Transportation (page 108).*
el automóvil *Ver Los medios de transporte (página 108).*

card
la carta

Do you want
to play cards?

**¿Quieres jugar
a las cartas?**

to care
cuidar

Her job is to
care for pets.

**Su ocupación es
cuidar de
los animales.**

carpenter
el carpintero

A carpenter makes
things with wood.

**Un carpintero hace
cosas con madera.**

carrot
la zanahoria

A carrot is orange.

**La zanahoria
es anaranjada.**

to carry
llevar

Are you sure you
want to carry that?

**¿Estás seguro
de que quieres
llevar eso?**

castanets
las castañuelas

Click the castanets
to the music!

**¡Toca las castañuelas
al compás de
la música!**

castle
el castillo

The king lives
in a castle.

**El rey vive en
un castillo.**

cat
el gato

The cat sees
the mouse.

**El gato ve
al ratón.**

caterpillar *See Insects (page 52).*
la oruga *Ver Los insectos (página 52).*

to catch
atrapar

He runs to catch
the ball.

**Él corre para
atrapar la pelota.**

cave
la cueva

Who lives in
the cave?

**¿Quién vive
en la cueva?**

to celebrate
celebrar

They are here to
celebrate his birthday.

**Están aquí
para celebrar
su cumpleaños.**

chair
la silla

He is sitting
on a chair.

**Él está sentado
en una silla.**

chalk
la tiza

You can write
with chalk.

**Puedes usar tiza
para escribir.**

to change
cambiar

He wants to change
his shirt.

**Él se quiere
cambiar la camisa.**

to cheer
alentar

It is fun to cheer
for our team.

**Es divertido alentar
a nuestro equipo.**

cheese
el queso

The mouse likes
to eat cheese.

**Al ratón le gusta
comer queso.**

Clothing
La ropa

vest
el chaleco

hat
el sombrero

raincoat
el impermeable

cap
la gorra

earmuffs
las orejeras

shirt
la camisa

tie
la corbata

jacket
la chaqueta

belt
el cinturón

pants
los pantalones

gloves
los guantes

socks
los calcetines

sneakers
las zapatillas

dress
el vestido

coat
el abrigo

mittens
los mitones

boots
las botas

scarf
la bufanda

blouse
la blusa

sweater
el suéter

skirt
la falda

shawl
el chal

shoes
los zapatos

cherry
la cereza

He wants
a cherry.

**Él quiere
una cereza.**

circus
el circo

There are clowns
at a circus.

**En un circo
hay payasos.**

chicken *See Animals (page 10).*
el pollo *Ver Los animales (página 10).*

child
la niña

She is a
happy child.

**Ella es una
niña feliz.**

city
la ciudad

This cow does not
live in the city.

**Esta vaca no vive
en la ciudad.**

chocolate
el chocolate

He likes chocolate.

**A él le gusta
el chocolate.**

to clap
aplaudir

He likes to clap
when he is happy.

**A él le gusta aplaudir
cuando está contento.**

circle
el círculo

It is drawing
a circle.

**Está trazando
un círculo.**

class
la clase

There is an elephant
in my class.

**En mi clase hay
un elefante.**

classroom
el salón de clases

A teacher works in a classroom.

Una maestra trabaja en un salón de clases.

clean
limpio

The car is very clean.

El automóvil está muy limpio.

to clean
limpiar

He is starting to clean his room.

Él está comenzando a limpiar su cuarto.

to climb
treparse

The bear likes to climb the tree.

Al oso le gusta treparse al árbol.

clock
el reloj

A clock tells time.

El reloj da la hora.

close
cerca

The turtle is close to the rock.

La tortuga está cerca de la roca.

to close
cerrar

He is going to close the window.

Él va a cerrar la ventana.

closet   *See Rooms in a House (page 86).*
el armario   *Ver Los cuartos de una casa (página 86).*

cloud
la nube

The sun is behind the cloud.

El sol está detrás de la nube.

clown
el payaso

The clown
is funny.

**El payaso
es gracioso.**

coat *See Clothing (page 24).*
el abrigo *Ver La ropa (página 24).*

cold
el frío

It is cold
in here!

**¡Aquí hace
frío!**

comb
el peine

Where is
my comb?

**¿Dónde está
mi peine?**

to comb
peinar

He likes to comb
his hair.

**A él le gusta
peinarse.**

to come
venir

He wants them to
come over here.

**Él quiere que ellos
vengan acá.**

computer
la computadora

I think she is working
at her computer too long.

**Creo que está
trabajando demasiado
en la computadora.**

to cook
cocinar

It is fun to cook.

**Cocinar es
divertido.**

cookie
la galletita

Mary wants
a cookie.

**María quiere
una galletita.**

to count
contar

There are too many
stars to count.

**Hay demasiadas
estrellas para contar.**

country
el campo

The country
is beautiful.

**El campo
es hermoso.**

cow *See Animals (page 10).*
la vaca *Ver Los animales (página 10).*

crayon
el crayón

She is drawing
with her crayons.

**Ella dibuja con
sus crayones.**

cricket *See Games and Sports (page 44).*
el críquet *Ver Los juegos y los deportes (página 44).*

cricket *See Insects (page 52).*
el grillo *Ver Los insectos (página 52).*

crowded
lleno

This elevator
is crowded.

**Este ascensor
está lleno.**

to cry
llorar

Try not to cry!

**¡Trata de
no llorar!**

cup
la taza

He is drinking water
from the cup.

**Él bebe agua
de la taza.**

to cut
cortar

Use a knife to cut
the carrots!

**¡Usa un cuchillo
para cortar
las zanahorias!**

cute
bonito

She thinks her
baby is cute.

**Ella cree que su
bebé es bonito.**

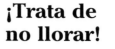

D

dad
el papá

My dad and
I look alike.

**Mi papá y yo
nos parecemos.**

**to dance
bailar**

The pig likes to dance
and play the drum.

**Al cerdo le gusta
bailar y tocar
el tambor.**

**danger
el peligro**

He is in danger.

Corre peligro.

**dark
oscuro**

It is dark
at night.

**De noche todo
está oscuro.**

**day
el día**

The sun shines in the day.

El sol brilla de día.

**December
diciembre**

The month after
November is December.

**El mes que sigue
a noviembre
es diciembre.**

**to decide
decidir**

It is hard to decide.

Es difícil decidir.

**decision
la decisión**

That is a good
decision.

**Es una buena
decisión.**

deck   *See Rooms in a House (page 86).*
la terraza   *Ver Los cuartos de una casa
(página 86).*

**decorations
los adornos**

The decorations
look great!

**¡Qué bien se ven
los adornos!**

deer
el venado

The deer is running in the woods.

El venado corre por el bosque.

dentist
la dentista

The dentist has a big job.

La dentista tiene mucho trabajo.

department
la sección

This is the hat department.

Ésta es la sección de los sombreros.

desk
el escritorio

The desk is very messy.

El escritorio está muy desordenado.

different
diferente

The one in the middle is different.

El del medio es diferente.

difficult
difícil

This is difficult!

¡Esto es difícil!

to dig
cavar

A dog uses its paws to dig.

El perro usa las patas para cavar.

dining room   *See Rooms in a House (page 86).*
el comedor   *Ver Los cuartos de una casa (página 86).*

dinner
la cena

We have dinner at 6 o'clock.

Comemos la cena a las seis de la tarde.

dinosaur
el dinosaurio

The dinosaur is having fun.

El dinosaurio se está divirtiendo.

dirty
sucio

The pig is dirty.

El cerdo está sucio.

dish
el plato

Do not drop the dishes!

¡No tires los platos!

to do
hacer

He has a lot to do.

Él tiene mucho que hacer.

doctor
el doctor

The doctor checks the baby.

El doctor revisa al bebé.

dog
el perro

The dog has a funny hat.

El perro tiene un sombrero gracioso.

doll
la muñeca

The doll is in a box.

La muñeca está en la caja.

dolphin
el delfín

Dolphins live in the sea.

Los delfines viven en el mar.

donkey
el asno

The donkey is sleeping.

El asno está dormido.

door
la puerta

What is behind the door?

¿Qué hay detrás de la puerta?

down
abajo

The elevator is going down.

El ascensor va hacia abajo.

dragon
el dragón

The dragon is cooking lunch.

El dragón prepara el almuerzo.

to draw
dibujar

He likes to draw.

A él le gusta dibujar.

drawing
el dibujo

Look at my drawing!

¡Mira mi dibujo!

dress *See Clothing (page 24).*
el vestido *Ver La ropa (página 24).*

to drink
beber

She likes to drink milk.

A ella le gusta beber leche.

to drive
conducir

He is too small to drive.

Él es demasiado pequeño para conducir.

to drop
dejar caer

He is going to drop the pie.

Va a dejar caer la tarta.

drum
el tambor

He can play the drum.

Él sabe tocar el tambor.

dry
seca

The shirt is dry.

La camisa está seca.

duck *See Animals (page 10).*
el pato *Ver Los animales (página 10).*

dust
el polvo

There is dust under the bed.

Hay polvo bajo la cama.

E

each
cada

Each snowflake
is different.

**Cada cristal de
nieve es distinto.**

ear   *See People (page 76).*
la oreja   *Ver Las personas (página 76).*

early
temprano

The sun comes up
early in the day.

El sol sale temprano.

earmuffs   *See Clothing (page 24).*
las orejeras   *Ver La ropa (página 24).*

to earn
ganar

We work to earn money.

**Trabajamos para
ganar dinero.**

east
el este

The sun comes
up in the east.

El sol sale por el este.

to eat
comer

This bird likes
to eat worms.

**A este pájaro le gusta
comer gusanos.**

egg
el huevo

The hen has laid
an egg.

**La gallina puso
un huevo.**

eight   *See Numbers and Colors (page 68).*
ocho   *Ver Los números y los colores (página 68).*

eighteen   *See Numbers and Colors (page 68).*
dieciocho   *Ver Los números y los colores (página 68).*

eighty   *See Numbers and Colors (page 68).*
ochenta   *Ver Los números y los colores (página 68).*

elephant   *See Animals (page 10).*
el elefante   *Ver Los animales (página 10).*

eleven   *See Numbers and Colors (page 68).*
once   *Ver Los números y los colores (página 68).*

empty
vacía

The bottle is empty.

La botella está vacía.

to end
acabar

It is time to end the game.

Es hora de acabar el juego.

enough
suficiente

He has enough food!

¡Tiene suficiente comida!

every
todos

Every egg is broken.

Todos los huevos están rotos.

everyone
todo el mundo

Everyone here has spots!

¡Aquí todo el mundo tiene manchas!

everything
todo

Everything is purple.

Todo es morado.

everywhere
por todas partes

There are balls everywhere.

Hay pelotas por todas partes.

excited
agitado

He is excited.

Él está agitado.

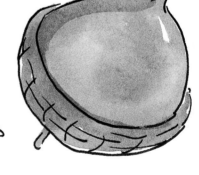

eye   *See People (page 76).*
el ojo   *Ver Las personas (página 76).*

F

face *See People (page 76).*
la cara *Ver Las personas (página 76).*

factory
la fábrica

Cans are made in
this factory.

**En esta fábrica
se fabrican latas.**

to fall
caer

He is about
to fall.

**Está a punto
de caer.**

fall
el otoño

It is fall.

Es otoño.

family
la familia

This is a big
family.

**Ésta es una
familia grande.**

fan
el ventilador

Please, turn off
the fan!

**¡Por favor, apaga
el ventilador!**

far
lejos

The moon is
far away.

**La luna
está lejos.**

faraway
lejano

She is going to a
faraway place.

**Ella se va a
un lugar lejano.**

fast
rápido

That train is
going fast!

**¡El tren va
rápido!**

fat
gordo

The pig
is fat.

**El cerdo
es gordo.**

father
el padre

My father and
I look alike.

**Mi padre y yo
nos parecemos.**

favorite
favorito

This is my
favorite toy.

**Éste es mi
juguete favorito.**

feather
la pluma

The feather is
tickling her nose.

**La pluma le hace
cosquillas en la nariz.**

February
febrero

The month after
January is February.

**El mes que sigue
a enero es febrero.**

to feel
sentirse

He likes to
feel safe.

**A él le gusta
sentirse seguro.**

fence
la cerca

A zebra is
on my fence.

**Hay una cebra
en mi cerca.**

fifteen   *See Numbers and Colors (page 68).*
quince   *Ver Los números y los colores (página 68).*

fifty   *See Numbers and Colors (page 68).*
cincuenta   *Ver Los números y los colores (página 68).*

to find
hallar

He is trying to
find his kite.

**Él trata de hallar
su cometa.**

finger   *See People (page 76).*
el dedo   *Ver Las personas (página 76).*

fire
el fuego

He can put
out the fire.

**Él puede apagar
el fuego.**

firefighter
el bombero

The firefighter has boots and a hat.

El bombero lleva botas y un sombrero.

firefly   *See Insects (page 52).*
la luciérnaga   *Ver Los insectos (página 52).*

firehouse
la estación de bomberos

Welcome to the firehouse!

¡Bienvenidos a la estación de bomberos!

first
el primero

The yellow one is first in line.

El amarillo es el primero de la fila.

fish   *See Animals (page 10).*
el pez   *Ver Los animales (página 10).*

five   *See Numbers and Colors (page 68).*
cinco   *Ver Los números y los colores (página 68).*

to fix
arreglar

She wants to fix it.

Ella lo quiere arreglar.

flag
la bandera

A flag is above her hat.

Hay una bandera sobre su sombrero.

flat
desinflado

The tire is flat.

El neumático está desinflado.

flea   *See Insects (page 52).*
la pulga   *Ver Los insectos (página 52).*

floor
el suelo

There is a hole in the floor.

Hay un agujero en el suelo.

flower
la flor

The flower is growing.

La flor está creciendo.

flute
la flauta

Robert plays the flute.

Roberto toca la flauta.

fly *See Insects (page 52).*
la mosca *Ver Los insectos (página 52).*

to fly
volar

The bee wants to fly.

La abeja quiere volar.

fog
la niebla

He is walking in the fog.

Él camina por la niebla.

food
la comida

He eats a lot of food.

Él come mucha comida.

foot *See People (page 76).*
el pie *Ver Las personas (página 76).*

for
para

This is for you.

Esto es para ti.

to forget
olvidar

He does not want to forget his lunch!

¡No quiere olvidar su almuerzo!

fork
el tenedor

He eats with a fork.

Él come con un tenedor.

forty *See Numbers and Colors (page 68).*
cuarenta *Ver Los números y los colores (página 68).*

four *See Numbers and Colors (page 68).*
cuatro *Ver Los números y los colores (página 68).*

fourteen *See Numbers and Colors (page 68).*
catorce *Ver Los números y los colores (página 68).*

fox *See Animals (page 10).*
el zorro *Ver Los animales (página 10).*

Friday
el viernes

On Friday, we go to the park.

El viernes vamos al parque.

friend
el amigo

We are good friends.

Somos buenos amigos.

frog *See Animals (page 10).*
la rana *Ver Los animales (página 10).*

front
frente

She sits in front of him.

Ella se sienta en frente de él.

fruit
la fruta

Fruit is delicious.

La fruta es deliciosa.

full
lleno

The cart is full of lizards.

El carro está lleno de lagartijas.

fun
divertido

She is having fun.

Ella pasa un rato divertido.

funny
graciosa

What a funny face!

¡Qué cara tan graciosa!

game
el juego

We play the game
in the park.

**Jugamos el juego
en el parque.**

garage
See Rooms in a House (page 86).
el garaje
*Ver Los cuartos de una casa
(página 86).*

garden
el jardín

Roses are growing
in the garden.

**En el jardín
crecen rosas.**

gate
el portón

The gate is open.

**El portón está
abierto.**

to get
agarrar

The mice are trying
to get the cheese.

**Los ratones tratan
de agarrar el queso.**

giraffe
See Animals (page 10).
la jirafa
Ver Los animales (página 10).

girl
la niña

The girl is dancing.

La niña baila.

to give
dar

I want to give
you a present.

**Quiero darte
un regalo.**

glad
contenta

She is glad
to see you.

**Ella está contenta
de verte.**

glass
el vidrio

Windows are made
of glass.

**Las ventanas están
hechas de vidrio.**

glasses
los anteojos

This owl wears
glasses.

**Esta lechuza lleva
anteojos.**

gloves
los guantes

gloves *See Clothing (page 24).*
los guantes *Ver La ropa (página 24).*

to go
ir

It is time to go
to your room.

**Es hora de que
vayas a tu cuarto.**

goat
la cabra

goat *See Animals (page 10).*
la cabra *Ver Los animales (página 10).*

golf
el golf

golf *See Games and Sports (page 44).*
el golf *Ver Los juegos y los deportes (página 44).*

good
bueno

What a good dog!

**¡Qué perro
tan bueno!**

good-bye
adiós

Good-bye!

¡Adiós!

goose
el ganso

A goose is riding
a bicycle.

**El ganso va
en bicicleta.**

gorilla
el gorila

The gorilla is eating a banana.

El gorila come un plátano.

to grab
agarrar

She wants to grab the bananas.

Ella quiere agarrar los plátanos.

grandfather
el abuelo

I have fun with my grandfather.

Me divierto con mi abuelo.

grandma
la abuelita

Grandma is my dad's mother.

Mi abuelita es la mamá de mi papá.

grandmother
la abuela

My grandmother likes to bake.

A mi abuela le gusta hornear.

grandpa
el abuelito

Grandpa is my mom's father.

Mi abuelito es el papá de mi mamá.

grape
la uva

Get the grapes!

¡Trae las uvas!

grass
el pasto

Cows eat grass.

Las vacas comen pasto.

grasshopper
el saltamontes

See Insects (page 52).

Ver Los insectos (página 52).

Games and Sports
Los juegos y los deportes

baseball
el béisbol

basketball
el baloncesto

golf
el golf

ping-pong
el ping-pong

running
la carrera

bowling
los bolos

ice skating
el patinaje sobre hielo

soccer
el fútbol

skiing
el esquí

tennis
el tenis

biking
el ciclismo

swimming
la natación

45

gray *See Numbers and Colors (page 68).*
gris *Ver Los números y los colores (página 68).*

great
fantástica

It is a great party.

Es una fiesta fantástica.

green *See Numbers and Colors (page 68).*
verde *Ver Los números y los colores (página 68).*

groceries
los comestibles

The groceries are falling out.

Se están cayendo los comestibles.

ground
la tierra

They live in the ground.

Ellos viven en la tierra.

group
el grupo

This is a group of artists.

Éste es un grupo de artistas.

to grow
crecer

He wants to grow.

Él quiere crecer.

to guess
adivinar

It is fun to guess what is inside.

Es divertido adivinar qué hay adentro.

guitar
la guitarra

My robot plays the guitar.

Mi robot toca la guitarra.

hair *See People (page 76).*
el cabello *Ver Las personas (página 76).*

half
la mitad

Half the cookie is gone.

Falta la mitad de la galletita.

hall *See Rooms in a House (página 86).*
el pasillo *Ver Los cuartos de una casa (página 86).*

hammer
el martillo

Hit the nail with the hammer!

¡Golpea el clavo con el martillo!

hammock
la hamaca

Dad is sleeping in the hammock.

Papá duerme en la hamaca.

hand *See People (page 76).*
la mano *Ver Las personas (página 76).*

happy
feliz

This is a happy face.

Ésta es una cara feliz.

hard
dura

The rock is hard.

La roca es dura.

harp
el arpa

She plays the harp very well.

Ella toca muy bien el arpa.

hat *See Clothing (page 24).*
el sombrero *Ver La ropa (página 24).*

to have
tener

She needs to have three hats.

Ella necesita tener tres sombreros.

he
él

He is under the table.

Él está debajo de la mesa.

head *See People (page 76).*
la cabeza *Ver Las personas (página 76).*

to hear *See People (page 76).*
oír *Ver Las personas (página 76).*

heart
el corazón

The heart is red.

El corazón es rojo.

helicopter *See Transportation (page 108).*
el helicóptero *Ver Los medios de transporte (página 108).*

hello
hola

Hello.
How are you?

Hola.
¿Cómo estás?

help
la ayuda

I need help!

¡Necesito ayuda!

her
su

This is her tail.

Ésta es su cola.

here
aquí

I live here.

Yo vivo aquí.

hi
hola

Hi!

¡Hola!

to hide
esconderse

She is too big to hide under the box.

Ella es demasiado grande para esconderse debajo de la caja.

high
alta

The star is high in the sky.

La estrella está alta en el cielo.

hill
la colina

She is coming down the hill.

Ella baja de la colina.

hippopotamus *See Animals (page 10).*
el hipopótamo *Ver Los animales (página 10).*

to hit
pegarle

He tries to hit the ball.

Él trata de pegarle a la pelota.

to hold
sujetar

He has to hold her hand now.

Él tiene que sujetar su mano ahora.

hole
el agujero

He is digging a hole.

Él cava un agujero.

home
el hogar

She is at home, relaxing.

Ella descansa en su hogar.

hooray
hurrá

We are winning! Hooray!

¡Vamos ganando! ¡Hurrá!

to hop
saltar

They know how to hop.

Ellos saben saltar.

horn
la corneta

He plays the horn.

Él toca la corneta.

horse *See Animals (page 10).*
el caballo *Ver Los animales (página 10).*

hospital
el hospital

Doctors work at the hospital.

Los doctores trabajan en el hospital.

hot
caliente

Fire is hot.

El fuego es caliente.

hotel
el hotel

He is staying at the hotel.

Él se hospeda en el hotel.

hour
la hora

In an hour, it is going to be two o'clock.

Falta una hora para las dos.

house
la casa

The house has many windows.

La casa tiene muchas ventanas.

how
cómo

How does he do that?

¿Cómo lo hace?

hug
el abrazo

Give me a hug!

¡Dame un abrazo!

huge
enorme

That cat is huge!

¡Ese gato es enorme!

hundred
cien

See Numbers and Colors (page 68).

Ver Los números y los colores (página 68).

hungry, to be
tener hambre

I think he is hungry.

Creo que tiene hambre.

to hurry
apurarse

She has to hurry.

Ella tiene que apurarse.

to hurt
doler

It does not have to hurt.

No tiene que doler.

husband
el esposo

He is her husband.

Él es su esposo.

I
Yo

"I am so cute!" she says.

—¡Yo soy tan bonita!—dice ella.

in
en

What is in that box?

¿Qué hay en esa caja?

ice
el hielo

We skate on ice.

Patinamos sobre hielo.

inside
dentro

He is inside the house.

Él está dentro de la casa.

ice cream
el helado

Clara likes ice cream.

A Clara le gusta el helado.

into
adentro

Do not go into that cave!

¡No te metas adentro de esa cueva!

idea
la idea

She has an idea.

Ella tiene una idea.

important
importante

He looks very important.

Él se ve muy importante.

island
la isla

The goat is on an island.

La cabra está en una isla.

Insects

Los insectos

butterfly
la mariposa

wasp
la avispa

mantis
la mantis religiosa

fly
la mosca

flea
la pulga

beetle
el escarabajo

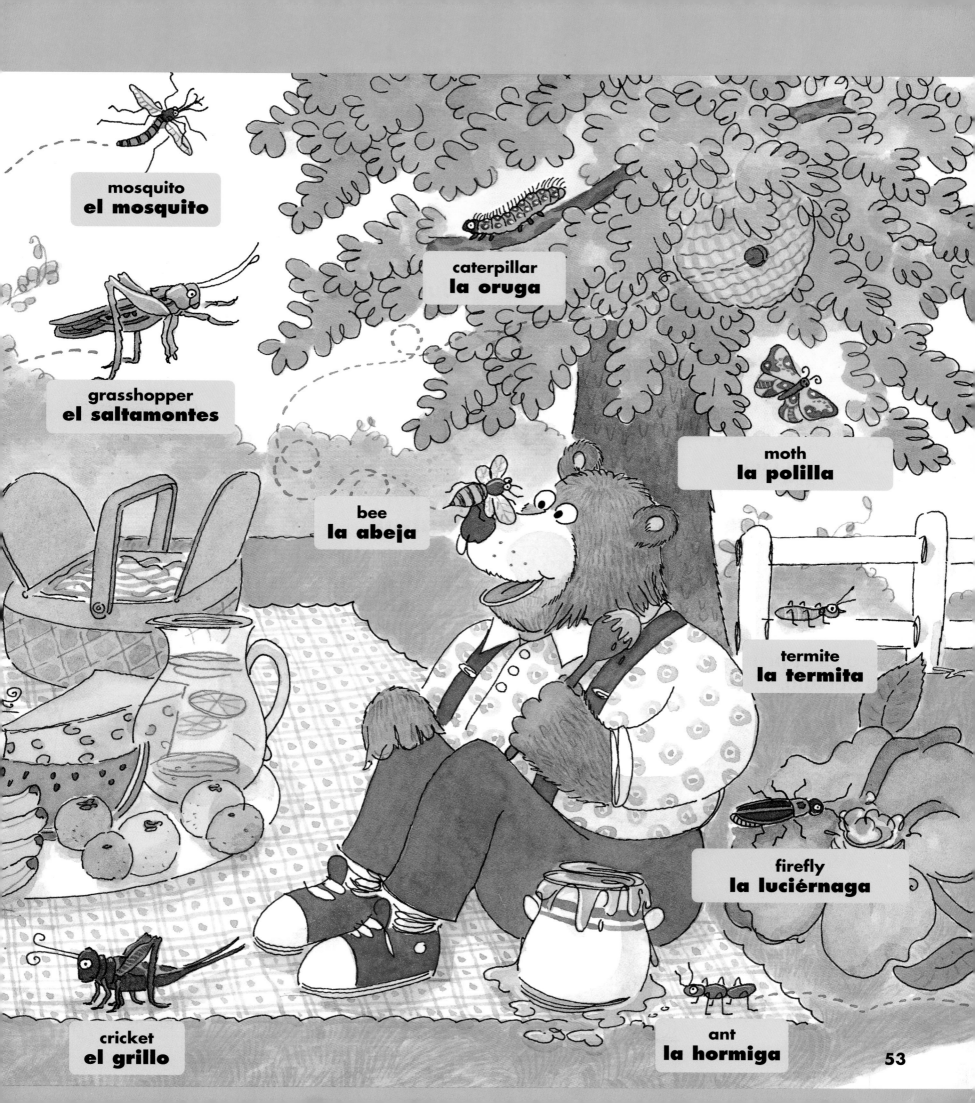

mosquito
el mosquito

grasshopper
el saltamontes

caterpillar
la oruga

moth
la polilla

bee
la abeja

termite
la termita

firefly
la luciérnaga

cricket
el grillo

ant
la hormiga

53

J

jacket   *See Clothing (page 24).*
la chaqueta   *Ver La ropa (página 24).*

jaguar   *See Animals (page 10).*
el jaguar   *Ver Los animales (página 10).*

jam
la mermelada

Do you think she likes bread and jam?

¿Crees que a ella le gusta el pan con mermelada?

January
enero

January is the first month of the year.

Enero es el primer mes del año.

jar
el pote

Jam comes in a jar.

La mermelada viene en un pote.

job
el trabajo

It is a big job.

Es mucho trabajo.

juice
el jugo

She is pouring a glass of orange juice.

Ella vierte jugo de naranja en un vaso.

July
julio

The month after June is July.

El mes que sigue a junio es julio.

to jump
saltar

The animal loves to jump.

Al animal le encanta saltar.

June
junio

The month after May is June.

El mes que sigue a mayo es junio.

junk
los cachivaches

No one can use this junk.

A nadie le sirven estos cachivaches.

kangaroo *See Animals (page 10).*
el canguro *Ver Los animales (página 10).*

kind
buena

She is kind to animals.

Ella es buena con los animales.

to keep
quedar

I want to keep him.

Me quiero quedar con él.

kind
el tipo

What kind of animal is that?

¿Qué tipo de animal es ése?

key
la llave

Which key opens the lock?

¿Con qué llave se abre la cerradura?

king
el rey

The king is having fun.

El rey se divierte.

to kick
patear

He wants to kick the ball.

Él quiere patear la pelota.

kiss
el beso

Would you like to give the monkey a kiss?

¿Te gustaría dar un beso al mono?

kitchen *See Rooms in a House (page 86).*
la cocina *Ver Los cuartos de una casa (página 86).*

kite
la cometa

Kites can fly high.

Las cometas vuelan alto.

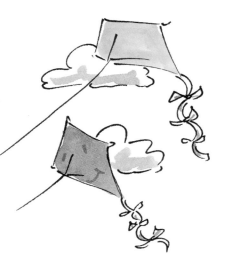

kitten
el gatito

A kitten is a baby cat.

Un gatito es un gato bebé.

knee *See People (page 76).*
la rodilla *Ver Las personas (página 76).*

knife
el cuchillo

A knife can cut things.

El cuchillo sirve para cortar.

to knock
golpear

He starts to knock on the door.

Él comienza a golpear la puerta.

to know
saber

He wants to know what it says.

Él quiere saber qué dice.

ladder
la escalera

He climbs the ladder.

Él sube por la escalera.

lake
el lago

He is drinking the lake!

¡Se está bebiendo el lago!

lamp
la lámpara

He has a lamp on his head.

Él tiene una lámpara sobre la cabeza.

lap
el regazo

He sits on his grandma's lap to hear the story.

Él se sienta en el regazo de su abuelita para escuchar el cuento.

last
el último

The pink one is last in line.

Él rosado es el último de la fila.

late
tarde

It is late at night.

Es tarde por la noche.

to laugh
reírse

It is fun to laugh.

Reírse es divertido.

laundry room
el lavadero

See Rooms in a House (page 86).

Ver Los cuartos de una casa (página 86).

lazy
perezoso

He is so lazy.

Es tan perezoso.

leaf
la hoja

The tree has one leaf.

El árbol tiene una hoja.

to leave
ir

She does not want to leave.

Ella no se quiere ir.

left
izquierda

This is your left hand.

Ésta es tu mano izquierda.

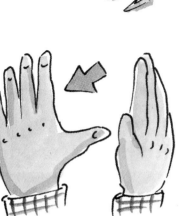

leg *See People (page 76).*
la pierna *Ver Las personas (página 76).*

lemon
el limón

She likes lemons.

A ella le gustan los limones.

leopard
el leopardo

One leopard is losing its spots.

A un leopardo se le están cayendo las manchas.

to let
dejar

Papa is not going to let him go.

Papá no lo va a dejar ir.

letter
la carta

This letter is going airmail.

Esta carta va por vía aérea.

library
la biblioteca

The library is full of books.

La biblioteca está llena de libros.

to lick
lamer

You have to lick it.

Tienes que lamerlo.

life
la vida

Life is wonderful!

¡La vida es maravillosa!

light
la luz

The sun gives us light.

El sol nos da luz.

lightning
el relámpago

Look! There's lightning!

¡Mira! ¡Hay relámpagos!

to like
gustar

He is going to like the cake.

Le va a gustar el pastel.

like
como

She looks like a rock.

Ella es como una roca.

line
la línea

I can draw a line.

Puedo trazar una línea.

lion   *See Animals (page 10).*
el león   *Ver Los animales (página 10).*

to listen
escuchar

He does not want to listen to loud music.

No quiere escuchar música fuerte.

little
pequeño

The bug is little.

El insecto es pequeño.

to live
vivir

What a nice place to live!

¡Qué lindo lugar para vivir!

living room   *See Rooms in a House (page 86).*
la sala   *Ver Los cuartos de una casa (página 86).*

llama   *See Animals (page 10).*
la llama   *Ver Los animales (página 10).*

to lock
cerrar con llave

Do not forget to lock the door.

No te olvides de cerrar con llave la puerta.

long
larga

That is a long snake.

Es una serpiente larga.

to look
mirar

I use this to look at stars.

Uso esto para mirar las estrellas.

to lose
perder

He does not want to lose his hat.

No quiere perder el sombrero.

lost
perdido

Oh, no! He is lost.

¡Oh, no! Está perdido.

lots
muchas

There are lots of bubbles.

Hay muchas burbujas.

loud
fuerte

The music is loud!

¡La música está fuerte!

to love
encantar

She is going to love the present.

A ella le va a encantar el regalo.

love
el amor

Love is wonderful.

El amor es maravilloso.

low
bajo

The bridge is low.

El puente es bajo.

lunch
el almuerzo

He has nuts for lunch.

Él come nueces de almuerzo.

mad
enojadas

The frogs are mad.

Las ranas están enojadas.

man
el hombre

The man is waving.

El hombre agita la mano.

mail
el correo

The mail is here.

Aquí está el correo.

mango
el mango

Is he going to eat the whole mango?

¿Va a comerse todo el mango?

mailbox
el buzón

What is in that mailbox?

¿Qué hay en ese buzón?

mantis *See Insects (page 52).*
la mantis religiosa

Ver Los insectos (página 52).

many
muchos

There are too many dots!

¡Hay muchos puntos!

mail carrier
el cartero

Our mail carrier brings us the mail.

El cartero nos trae el correo.

map
el mapa

The map shows where to go.

El mapa indica adónde ir.

to make
hacer

A belt is easy to make.

Es fácil hacer un cinturón.

maraca
la maraca

Shake those maracas!

¡Agita esas maracas!

March
marzo

The month after February is March.

El mes que sigue a febrero es marzo.

math
las matemáticas

He is not very good at math.

Él no es muy bueno en matemáticas.

May
mayo

The month after April is May.

El mes que sigue a abril es mayo.

maybe
quizás

Maybe it is a ball.

Quizás sea una pelota.

mayor
el alcalde

The mayor leads the town.

El alcalde dirige el pueblo.

me
mí

Look at me!

¡Mírame a mí!

to mean
significar

That has to mean "hello."

Eso tiene que significar "hola".

meat
la carne

I am eating meat, salad, and potatoes for dinner.

Voy a cenar carne, ensalada y papas.

medicine
el remedio

Take your medicine!

¡Toma tu remedio!

to meet
conocer

I am happy to meet you.

Es un placer conocerte.

meow
miau

Cats say, "MEOW!"

Los gatos dicen: ¡"MIAU"!

mess
el desorden

What a mess!

¡Qué desorden!

messy
desordenado

The bear is a little messy.

El oso es un poco desordenado.

milk
la leche

He likes milk.

Le gusta la leche.

minute
el minuto

It is one minute before noon.

Falta un minuto para el mediodía.

mirror
el espejo

He loves to look in the mirror.

Le encanta mirarse al espejo.

to miss
perder

He does not want to miss the airplane.

No quiere perder el avión.

mittens   *See Clothing (page 24).*
los mitones   *Ver La ropa (página 24).*

to mix
mezclar

Use the spoon to mix it.

Usa la cuchara para mezclar todo.

mom
la mamá

She is the baby's mom.

Ella es la mamá del bebé.

Monday
lunes

On Monday, we take baths.

Nos bañamos los lunes.

money
el dinero

Look at all the money!

¡Miren cuánto dinero!

monkey *See Animals (page 10).*
el mono *Ver Los animales (página 10).*

month
el mes

January and February are the first two months of the year.

Enero y febrero son los dos primeros meses del año.

moon
la luna

The moon is up in the sky.

La luna está en el cielo.

more
más

She needs to buy more juice.

Ella necesita comprar más jugo.

morning
la mañana

The sun comes up in the morning.

El sol sale por la mañana.

mosquito *See Insects (page 52).*
el mosquito *Ver Los insectos (página 52).*

most
casi toda

Most of the milk is gone.

Se acabó casi toda la leche.

moth *See Insects (page 52).*
la polilla *Ver Los insectos (página 52).*

mother
la madre

She is the baby's mother.

Ella es la madre del bebé.

Mr.
Sr.

Say hello to Mr. Green.

Saluda al Sr. Green.

motorcycle *See Transportation (page 108).*
la motocicleta *Ver Los medios de transporte (página 108).*

mountain
la montaña

He is climbing up the mountain.

Escala la montaña.

Mrs.
Sra.

Mrs. English is getting on the bus.

La Sra. English sube al autobús.

mouse
el ratón

The mouse is skating.

El ratón está patinando.

much
mucho

There is not much in the refrigerator.

No hay mucho en la nevera.

mouth *See People (page 76).*
la boca *Ver Las personas (página 76).*

to move
mudarse

They have to move.

Tienen que mudarse.

music
la música

They can play music.

Ellos saben tocar música.

movie
la película

They are watching a movie.

Ellos miran una película.

my
mi

This is my nose.

Ésta es mi nariz.

nail
el clavo

Try to hit the nail!

¡Trata de darle al clavo!

name
el nombre

His name begins with "R".

Su nombre comienza con "R".

neck
el cuello

See People (page 76).
Ver Las personas (página 76).

necklace
A ella collar

She loves her necklace.

A ella le encanta su collar.

to need
necesitar

He is going to need a snack later.

Él va necesitar un bocadillo más tarde.

neighbor
el vecino

They are neighbors.

Ellos son vecinos.

nest
el nido

The birds are near their nest.

Las aves están cerca de su nido.

never
nunca

She is never going to fly.

Ella no va a volar nunca.

new
nuevo

He has a new umbrella.

Él tiene un paraguas nuevo.

newspaper
el periódico

Who is cutting my newspaper?

¿Quién me corta el periódico?

next
al lado

She is next to the rock.

Ella está al lado de la roca.

next
siguiente

The horse is next.

El caballo es el siguiente.

nice
lindo

What a nice clown!

¡Qué payaso tan lindo!

night
la noche

It is dark at night.

De noche todo está oscuro.

nine *See Numbers and Colors (page 68).*
nueve
Ver Los números y los colores (página 68).

nineteen *See Numbers and Colors (page 68).*
diecinueve
Ver Los números y los colores (página 68).

ninety *See Numbers and Colors (page 68).*
noventa
Ver Los números y los colores (página 68).

no
no

No, you may not go.

No, no puedes ir.

noise
el ruido

He is making a terrible noise.

Él hace un ruido terrible.

noisy
ruidosos

They are very noisy.

Ellos son muy ruidosos.

noon
el mediodía

It is noon.

Es mediodía.

Los números y los colores

0 zero
cero

1 one
uno

2 two
dos

3 three
tres

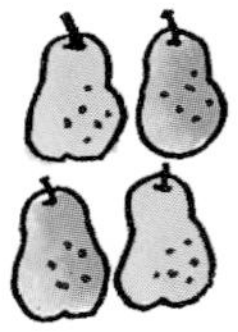

4 four
cuatro

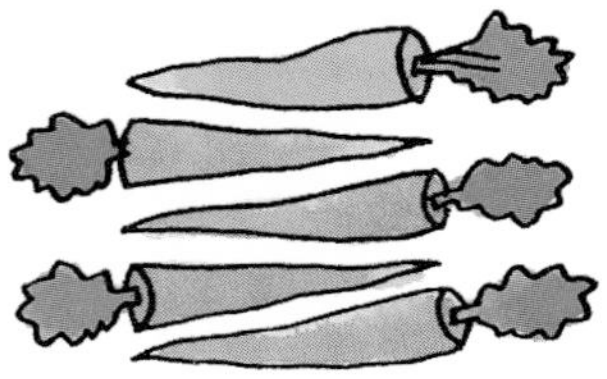

5 five
cinco

6 six
seis

7 seven
siete

8 eight
ocho

9 nine
nueve

10 ten
diez

11 eleven
once

12 twelve
doce

13 thirteen
trece

14 fourteen
catorce

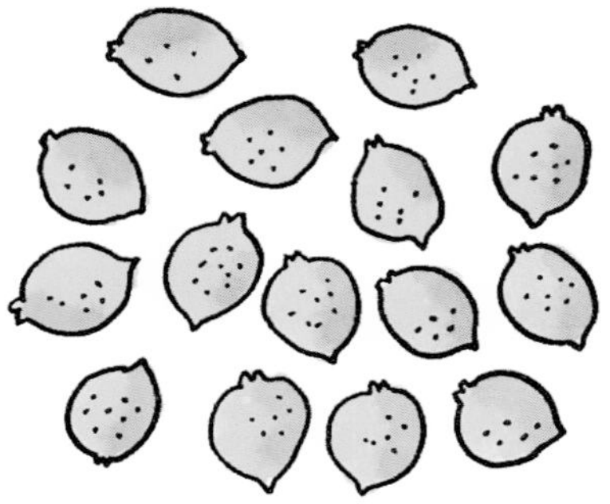

15 fifteen
quince

16 sixteen
dieciséis

17 seventeen
diecisiete

18 eighteen
dieciocho

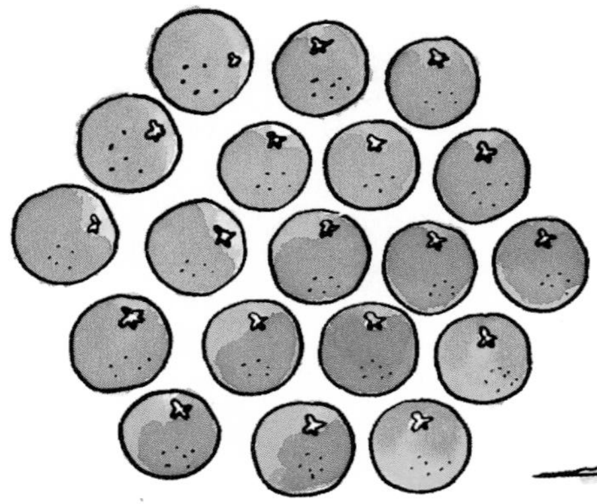

19 nineteen
diecinueve

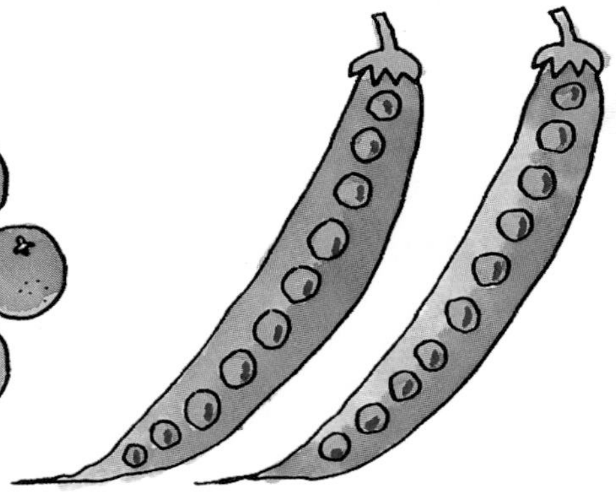

20 twenty
veinte

30 thirty
treinta

40 forty
cuarenta

50 fifty
cincuenta

60 sixty
sesenta

70 seventy
setenta

80 eighty
ochenta

90 ninety
noventa

100 one hundred
cien

1000 one thousand
mil

Colors

Los colores

black
negro

blue
azul

brown
marrón

gray
gris

green
verde

orange
anaranjado

pink
rosado

purple
morado

red
rojo

tan
canela

white
blanco

yellow
amarillo

69

north
el norte

It is cold in the north.

**En el norte
hace frío.**

nose   *See People (page 76).*
la nariz   *Ver Las personas (página 76).*

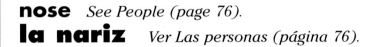

not
no

The bird is not red.

El ave no es roja.

note
la nota

He is writing a note.

Él escribe una nota.

nothing
nada

There is nothing in
the bottle.

**No hay nada en la
botella.**

November
noviembre

The month after
October is November.

**El mes que sigue
a octubre es
noviembre.**

now
ahora

The mouse needs to
run now.

**El ratón necesita
correr ahora.**

number
el número

There are five numbers.

Hay cinco números.

nurse
la enfermera

She wants to be a nurse.

**Ella quiere ser
enfermera.**

nut
la nuez

I think he likes nuts.

**Creo que le gustan
las nueces.**

ocean
el mar

This turtle swims in the ocean.

Esta tortuga nada en el mar.

o'clock
en punto

It is one o'clock.

Es la una en punto.

October
octubre

The month after September is October.

El mes que sigue a septiembre es octubre.

of
de

The color of the airplane is yellow.

El color del avión es amarillo.

office
la oficina

See Rooms in a House (page 86).

Ver Los cuartos de una casa (página 86).

oh
oh

Oh! What a surprise!

¡Oh! ¡Qué sorpresa!

old
viejo

The alligator is very old.

El caimán es muy viejo.

on
sobre

The coat is on the chair.

El abrigo está sobre la silla.

once
una vez

Birthdays come once
a year.

**Los cumpleaños
son una vez al año.**

one *See Numbers and Colors (page 68).*
uno *Ver Los números y los colores (página 68).*

onion
la cebolla

He is chopping
an onion.

**Él corta una
cebolla.**

only
la única

This is the only
food left.

**Ésta es la
única comida
que queda.**

open
abierta

The window is open.

**La ventana está
abierta.**

or
o

Do you want the red
one or the blue one?

**¿Quieres el rojo
o el azul?**

orange *See Numbers and Colors (page 68).*
anaranjado *Ver Los números y los colores (página 68).*

orange
la naranja

He is squeezing oranges.

Él exprime naranjas.

ostrich
el avestruz

An ostrich can run fast.

**Un avestruz corre
rápidamente.**

other
otro

What is on the other side?

¿Qué hay al otro lado?

ouch
ay

Ouch! That hurts!

¡Ay! ¡Cómo duele!

out
afuera

He goes out.

El sale afuera.

outdoors
al aire libre

We like to play outdoors.

Nos gusta jugar al aire libre.

oven
el horno

We bake cookies in an oven.

Ponemos las galletitas al horno.

over
encima

She is holding the umbrella over her head.

Ella lleva el paraguas abierto encima de la cabeza.

owl
la lechuza

The owl does not sleep at night.

La lechuza no duerme por la noche.

to own
tener

It is wonderful to own a book.

Tener un libro es maravilloso.

73

P

page
la página

He is turning the page.

Vuelve la página.

paint
la pintura

The baby is playing with paint.

El bebé juega con la pintura.

painter
el pintor

He is a painter.

Él es pintor.

pajamas
el pijama

She is wearing pajamas to sleep.

Ella duerme con pijama.

pan
la olla

We cook in a pan.

Cocinamos en una olla.

panda
el panda

This panda is hungry.

Este panda tiene hambre.

pants *See Clothing (page 24).*
los pantalones *Ver La ropa (página 24).*

paper
el papel

Write on the paper!

¡Escribe en el papel!

parent
el padre

These parents have many babies.

Estos padres tienen muchos bebés.

park
el parque

We like to go to the park.

Nos gusta ir al parque.

74

parrot
el loro

This parrot can say,
"Cracker!"

¡Este loro sabe decir
"galletita"!

part
la parte

A wheel is part of the car.

Una rueda es parte
del automóvil.

party
la fiesta

The ants are having
a party.

Las hormigas están
de fiesta.

to pat
acariciar

The baby tries to pat
the dog.

El bebé trata de
acariciar al perro.

paw
la pata

He wants to shake
paws.

Él quiere dar
la pata.

pea
el guisante

He does not like to
eat peas.

A él no le gusta
comer guisantes.

peach
el melocotón

Peaches grow on trees.

Los melocotones
crecen en árboles.

pen
la pluma

The pen is leaking.

La pluma pierde
tinta.

pencil
el lápiz

A pencil is for
drawing.

Un lápiz sirve
para dibujar.

Las personas • El cuerpo

head
la cabeza

face
la cara

stomach
el estómago

knee
la rodilla

foot
el pie

leg
la pierna

eye
el ojo

thumb
el pulgar

hair
el cabello

arm
el brazo

neck
el cuello

finger
el dedo

hand
la mano

ear
la oreja

tooth
el diente

to see
mirar

nose
la nariz

to touch
tocar

mouth
la boca

toe
el dedo del pie

to hear
oír

to smell
oler

to taste
probar

77

penguin
el pingüino

There is a penguin in your sink.

Hay un pingüino en tu lavamanos.

people
la gente

These people are going up.

Esta gente sube.

pepper
la pimienta

She is using too much pepper.

Ella usa demasiada pimienta.

peppers
los pimientos

Peppers are good to eat.

Los pimientos son sabrosos.

perfume
el perfume

She is wearing perfume.

Ella lleva perfume.

pet
la mascota

The pig is a pet.

Este cerdo es una mascota.

photograph
la fotografía

Look at the photograph!

¡Mira la fotografía!

piano
el piano

He plays the piano very well.

Él toca el piano muy bien.

to pick
recoger

This dog likes to pick berries.

A este perro le gusta recoger bayas.

picnic
la comida campestre

They are having a picnic.

Ellos tienen una comida campestre.

picture
el dibujo

This is a picture of
a rabbit.

**Éste es el dibujo de
un conejo.**

pie
la tarta

Who is eating the pie?

¿Quién come la tarta?

pig   *See Animals (page 10).*
el cerdo   *Ver Los animales (página 10).*

pillow
la almohada

A pillow is for sleeping.

**Una almohada sirve
para dormir.**

ping-pong   *See Games and Sports (page 44).*
el ping-pong   *Ver Los juegos y los
deportes (página 44).*

pink   *See Numbers and Colors (page 68).*
rosado   *Ver Los números y los colores
(página 68).*

pizza
la pizza

We like to eat pizza.

**Nos gusta comer
pizza.**

to place
poner

It is good to place
glasses on the nose.

**Está bien poner los
anteojos sobre la
nariz.**

to plan
planear

It helps to plan ahead.

**Es mejor planear con
anticipación.**

to plant
plantar

He likes to plant nuts.

**A él le gusta
plantar nueces.**

to play
jugar

Do you want to
play with us?

**¿Quieres jugar
con nosotras?**

playground
el parque de recreo

Meet me at the playground!

¡Espérame en el parque de recreo!

playroom *See Rooms in a House (page 86).*
el cuarto de los juguetes

Ver Los cuartos de una casa (página 86).

please
por favor

Please, feed me!

¡Por favor, denme de comer!

pocket
el bolsillo

What is in his pocket?

¿Qué tiene en el bolsillo?

point
la punta

It has a sharp point. Ouch!

Tiene una punta aguda. ¡Ay!

to point
señalar

It is not polite to point.

Señalar no es cortés.

police officer
la agente de policía

The police officer helps us cross the street.

La agente de policía nos ayuda a cruzar la calle.

police station
el cuartel de policía

You can get help at the police station.

En el cuartel de policía consigues ayuda.

polite
amable

He is so polite!

¡Él es tan amable!

pond
el estanque

She falls into the pond.

Ella se cae al estanque.

poor
pobre

This poor monkey does not have much money.

Este pobre mono no tiene mucho dinero.

porch
el porche

See Rooms in a House (page 86).

Ver Los cuartos de una casa (página 86).

post office
el correo

Letters go to the post office.

Las cartas van al correo.

pot
la olla

It is time to stir the pot.

Es hora de revolver lo que hay en la olla.

potato
la papa

These potatoes have eyes.

Estas papas tienen ojos.

to pound
clavar

Use a hammer to pound a nail.

Usa un martillo para clavar un clavo.

present
el regalo

Is the present for me?

¿Es para mí el regalo?

pretty
bonita

It is not a pretty face.

No es una cara bonita.

prince
el príncipe

The prince is with his father.

El príncipe está con su padre.

princess
la princesa

This princess has big feet.

Esta princesa tiene pies grandes.

prize
el premio

Look who wins the prize.

Miren quién gana el premio.

proud
orgullosa

She is proud of her new hat.

Ella está orgullosa de su sombrero nuevo.

to pull
jalar

We're trying to pull him up.

Estamos tratando de jalarlo.

puppy
el cachorro

The puppy is wet.

El cachorro está mojado.

purple *See Numbers and Colors (page 68).*
morado *Ver Los números y los colores (página 68).*

purse
la cartera

The purse is full.

La cartera está llena.

to push
empujar

He needs to push hard.

Él necesita empujar mucho.

to put
ponerse

We told her not to put her foot in her mouth.

Le dijimos que no se pusiera la pata en la boca.

puzzle
el rompecabezas

Can you put the puzzle together?

¿Puedes armar el rompecabezas?

quack
cua

"Quack, quack, quack!" sing the ducks.

—¡Cua, cua, cua!— cantan los patos.

to quarrel
discutir

We do not like to quarrel.

No nos gusta discutir.

quarter
el cuarto

A quarter of the pie is gone.

Falta un cuarto de la tarta.

queen
la reina

She is queen of the zebras.

Ella es la reina de las cebras.

question
la pregunta

She has a question.

Ella quiere hacer una pregunta.

quick
rápido

A rabbit is quick; a tortoise is slow.

Un conejo es rápido; una tortuga es lenta.

quiet
el silencio

Shh! Be quiet!

¡Chito! ¡Silencio!

quilt
el edredón

Who is under the quilt?

¿Quién está debajo del edredón?

to quit
dejar

The raccoon wants to quit practicing.

El mapache quiere dejar de practicar.

quite
bastante

It is quite cold today.

Hoy hace bastante frío.

R

rabbit *See Animals (page 10).*
el conejo *Ver Los animales (página 10).*

race
la carrera

Who is going to win
the race?

**¿Quién va a ganar
la carrera?**

radio
la radio

They listen to the radio.

**Ellos escuchan
la radio.**

rain
la lluvia

She likes the rain.

**A ella le gusta
la lluvia.**

rainbow
el arco iris

She is standing in
a rainbow.

**Ella está bajo un
arco iris.**

raincoat *See Clothing (page 24).*
el impermeable *Ver La ropa (página 24).*

raindrop
la gota de
lluvia

Look at the raindrops.

**Mira las gotas
de lluvia.**

raining
llueve

He is wet because it
is raining.

**Él está mojado
porque llueve.**

to read
leer

Does he know how
to read?

¿Sabe leer?

ready
lista

The baby is not ready
to go.

**La bebé no está
lista para ir.**

84

real
verdadero

It is not a real dog.

No es un perro verdadero.

really
verdaderamente

She is really tall!

¡Ella es verdaderamente alta!

red *See Numbers and Colors (page 68).*
rojo *Ver Los números y los colores (página 68).*

refrigerator
la nevera

We keep our snowballs in the refrigerator.

Guardamos las bolas de nieve en la nevera.

to remember
recordar

It is hard to remember his phone number.

Es difícil recordar su número de teléfono.

restaurant
el restaurante

She is eating at a restaurant.

Ella come en un restaurante.

rice
el arroz

Where is all the rice?

¿Dónde está todo el arroz?

rich
rico

He is very rich.

Él es muy rico.

to ride
montar

It is fun to ride on a horse.

Es divertido montar a caballo.

right
derecha

This is your right hand.

Ésta es tu mano derecha.

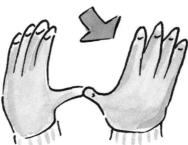

Rooms in a House

Los cuartos de una casa

attic
el ático

bedroom
el dormitorio

bathroom
el baño

deck
la terraza

kitchen
la cocina

dining room
el comedor

garage
el garaje

playroom
el cuarto de juegos

86

closet
el armario

office
la oficina

bedroom
el dormitorio

living room
la sala

hall
el pasillo

porch
el porche

basement
el sótano

laundry room
el lavadero

87

ring
el anillo
She has a new ring.

Ella tiene un anillo nuevo.

to ring
sonar
The telephone is going to ring soon.

El teléfono va a sonar pronto.

river
el río
I am floating down the river.

Yo floto en el río.

road
el camino
The road goes over the hill.

El camino atraviesa la colina.

robot
el robot
A robot is looking in my window!

¡Hay un robot en mi ventana!

rock
la roca
What is going around the rock?

¿Qué anda alrededor de la roca?

roof
el techo
There is a cow on the roof.

Hay una vaca en el techo.

room
el cuarto
The little house has little rooms.

La casita tiene cuartos pequeños.

rooster *See Animals (page 10).*
el gallo *Ver Los animales (página 10).*

root
la raíz

The plant has deep roots.

La planta tiene raíces profundas.

rose
la rosa

She likes roses.

A ella le gustan las rosas.

round
redondas

These things are round.

Estas cosas son redondas.

to rub
frotar

It is fun to rub his tummy.

Es divertido frotar su barriguita.

rug
la alfombra

A bug is on the rug.

Hay un insecto en la alfombra.

to run
correr

You need feet to run!

¡Se necesitan pies para correr!

running *See Games and Sports (page 44).*
la carrera *Ver Los juegos y los deportes (página 44).*

sad
triste

This is a sad face.

Ésta es una cara triste.

sailboat   *See Transportation (page 108).*
el velero   *Ver Los medios de transporte (página 108).*

salad
la ensalada

He is making a salad.

Él prepara una ensalada.

salt
la sal

She is using too much salt.

Ella está usando demasiada sal.

same
iguales

They look the same.

Parecen iguales.

sand
la arena

There is so much sand at the beach.

Hay mucha arena en la playa.

sandwich
el emparedado

It's a pickle sandwich! Yum!

¡Es un emparedado de encurtidos! ¡Qué rico!

sandy
arenosa

The beach is sandy.

La playa es arenosa.

Saturday
sábado

On Saturday, we work together.

El sábado trabajamos juntos.

sausage
la salchicha

This dog likes sausages.

A este perro le gustan las salchichas.

saw
la sierra

A saw is for cutting.

**La sierra sirve
para cortar.**

to say
decir

She wants to say hello.

**Ella quiere decir
"¡buenos días!".**

scarf   *See Clothing (page 24).*
la bufanda   *Ver La ropa (página 24).*

school
la escuela

He can learn in school.

**Él aprende en la
escuela.**

scissors
las tijeras

Look what he is cutting
with the scissors.

**Mira lo que corta
con las tijeras.**

to scrub
fregar

He wants to scrub
the tub.

**Quiere fregar
la bañera.**

sea
el mar

Whales live in the sea.

**Las ballenas viven
en el mar.**

seat
el asiento

The seat is too high.

**El asiento está
demasiado alto.**

secret
el secreto

She is telling a secret.

**Ella cuenta un
secreto.**

to see   *See People (page 76).*
ver   *Ver Las personas (página 76).*

seed
la semilla

When you plant a seed, it grows.

Cuando plantas una semilla, ésta crece.

to sell
vender

He has many balloons to sell.

Tiene muchos globos para vender.

to send
enviar

Mom has to send a letter in the mail.

Mamá tiene que enviar una carta por correo.

September
septiembre

The month after August is September.

El mes que sigue a agosto es septiembre.

seven *See Numbers and Colors (page 68).*
siete *Ver Los números y los colores (página 68).*

seventeen *See Numbers and Colors (page 68).*
diecisiete *Ver Los números y los colores. (página 68)*

seventy *See Numbers and Colors (page 68).*
setenta *Ver Los números y los colores (página 68).*

shark
el tiburón

A shark has many teeth.

Un tiburón tiene muchos dientes.

shawl *See Clothing (page 24).*
el chal *Ver La ropa (página 24).*

she
ella

She is hiding.

Ella se esconde.

sheep *See Animals (page 10).*
la oveja *Ver Los animales (página 10).*

shirt *See Clothing (page 24).*
la camisa *Ver La ropa (página 24).*

shoes *See Clothing (page 24).*
los zapatos *Ver La ropa (página 24).*

to shop
comprar

He likes to shop.

A él le gusta comprar.

short
bajo

He is too short.

Él es demasiado bajo.

to shout
gritar

They have to shout.

Ellos tienen que gritar.

shovel
la pala

She needs a bigger shovel.

Necesita una pala más grande.

show
la actuación

They are in a show.

Ellos tienen una actuación.

to show
mostrar

Open wide to show your new tooth!

¡Abre la boca para mostrar tu diente nuevo!

shy
tímido

He is very shy.

Él es muy tímido.

sick
enfermo

The poor rhinoceros is sick!

¡El pobre rinoceronte está enfermo!

side
el lado

The tree is on the side of the house.

El árbol está a un lado de la casa.

sidewalk
la acera

They are playing on the sidewalk.

Están jugando en la acera.

sign
el letrero

This is the bakery's sign.

Éste es el letrero de la panadería.

silly
tonta

He has a silly smile.

**Tiene una
risa tonta.**

to sing
cantar

She loves to sing.

**A ella le encanta
cantar.**

sister
la hermana

They are sisters.

Son hermanas.

to sit
sentarse

They want to sit.

Quieren sentarse.

six   *See Numbers and Colors (page 68).*
seis   *Ver Los números y los colores (página 68).*

sixteen   *See Numbers and Colors (page 68).*
dieciséis   *Ver Los números y los colores
(página 68).*

sixty   *See Numbers and Colors (page 68).*
sesenta   *Ver Los números y los colores
(página 68).*

skateboard   *See Transportation (page 108).*
el monopatín   *Ver Los medios de
transporte (página 108).*

skates   *See Transportation (page 108).*
los patines   *Ver Los medios de transporte
(página 108).*

skating (ice)   *See Games and Sports (page 44).*
el patinaje sobre hielo

Ver Los juegos y los deportes (página 44).

skiing   *See Games and Sports (page 44).*
el esquí   *Ver Los juegos y los deportes
(página 44).*

skirt   *See Clothing (page 24).*
la falda   *Ver La ropa (página 24).*

sky
el cielo

The sky is full of stars.

**El cielo está lleno
de estrellas.**

to sleep
dormir

He is ready to sleep.

**Está listo para
dormir.**

slow
lenta

A rabbit is quick; a tortoise is slow.

Un conejo es rápido; una tortuga es lenta.

small
pequeña

An ant is small.

Una hormiga es pequeña.

to smell *See People (page 76).*
oler *Ver Las personas (página 76).*

smile
la sonrisa

What a big smile!

¡Qué gran sonrisa!

smoke
el humo

Watch out for the smoke!

¡Cuidado con el humo!

snail
el caracol

He has a snail on his nose.

Tiene un caracol en la nariz.

snake *See Animals (page 10).*
la serpiente *Ver Los animales (página 10).*

sneakers *See Clothing (page 24).*
las zapatillas *Ver La ropa (página 24).*

to snore
roncar

Try not to snore.

Intenta no roncar.

snow
la nieve

Snow is white and cold.

La nieve es blanca y fría.

snowball
la bola
de nieve

He is throwing snowballs.

Lanza bolas de nieve.

so
tan

She is so tall!

¡Ella es tan alta!

soap
el jabón

He is using soap to wash.

Se lava con jabón.

soccer
el fútbol

See Games and Sports (page 44).

Ver Los juegos y los deportes. (página 44)

socks
los calcetines

See Clothing (page 24).

Ver La ropa (página 24).

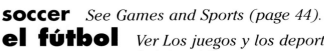

sofa
el sofá

The zebras are sitting on the sofa.

Las cebras están sentadas en el sofá.

some
algunas

Some of them are pink.

Algunas son rosadas.

someday
algún día

Dad says I can drive . . . someday.

Papá dice que puedo manejar . . . algún día.

someone
alguien

Someone is behind the fence.

Hay alguien detrás de la cerca.

something
algo

Something is under the rug.

Hay algo bajo la alfombra.

song
la canción

A song is for singing.

Una canción es para cantar.

soon
pronto

Soon it is going to be noon.

Pronto va a ser mediodía.

sorry
arrepentida

She is sorry she dropped it.

Está arrepentida de haberla tirado.

soup
la sopa

The soup is hot!

¡La sopa está caliente!

south
el sur

It is warm in the south.

En el sur hace calor.

special
especial

This is a special car.

Éste es un automóvil especial.

spider
la araña

This spider is friendly.

Esta araña es amistosa.

spoon
la cuchara

A spoon can't run; can it?

Una cuchara no puede correr, ¿verdad?

spring
la primavera

Flowers grow in spring.

Las flores crecen en primavera.

square
el cuadrado

A square has four sides.

Un cuadrado tiene cuatro lados.

squirrel
la ardilla

There is a squirrel on that hat!

¡Hay una ardilla en ese sombrero!

stamp
la estampilla

A stamp goes on a letter.

Una estampilla va en una carta.

to stand
estar de pie

She does not like
to stand.

**A ella no le gusta
estar de pie.**

star
la estrella

That star is winking.

Esa estrella titila.

to start
comenzar

They want to start
with *A*.

**Quieren comenzar
con la *A*.**

to stay
quedarse

He has to stay inside.

**Tiene que
quedarse dentro.**

to step
pisar

Try not to step in
the puddle.

**Intenta no pisar
el charco.**

stick
el palo

The dog wants the stick.

**El perro quiere
el palo.**

sticky
pegajoso

That candy is sticky.

**Ese dulce es
pegajoso.**

still
aún

The phone still is
not ringing.

**El teléfono aún
no suena.**

stomach   *See People (page 76).*
el estómago   *Ver Las personas (página 76).*

to stop
detenerse

You have to stop for
a red light.

**Tienes que
detenerte con
la luz roja.**

store
la tienda

She buys books at
the store.

**Ella compra libros
en la tienda.**

storm
la tormenta

She does not like
the storm.

**No le gusta
la tormenta.**

story
el cuento

We all know this story.

**Todos conocemos
este cuento.**

strange
extraño

This is a strange
animal.

**Éste es un animal
extraño.**

strawberry
la fresa

This strawberry is big!

**¡Esta fresa es
grande!**

street
la calle

There is an elephant
in the street!

**¡Hay una elefanta
en la calle!**

student
el estudiante

The students are
all fish.

**Todos los
estudiantes son
peces.**

subway *See Transportation (page 108).*
el tren subterráneo *Ver Los medios
de transporte (página 108).*

suddenly
de pronto

Suddenly, it is raining.

De pronto, llueve.

suit
el traje

Something is spilling
on his suit.

**Algo se derrama
sobre su traje.**

suitcase
la maleta

What is in that suitcase?

**¿Qué hay en esa
maleta?**

S

summer
el verano

It is warm in summer.

En verano hace calor.

sun
el sol

The sun is hot.

El sol es caliente.

Sunday
domingo

On Sunday, we eat dinner with Grandma.

El domingo cenamos con la abuelita.

sunflower
el girasol

The sunflower is big and yellow.

El girasol es grande y amarillo.

sunny
soleados

She loves sunny days.

Le encantan los días soleados.

sure
segura

I am sure the door is not going to open.

Estoy segura de que la puerta no se va a abrir.

surprised
sorprendida

She is surprised.

Ella está sorprendida.

sweater *See Clothing (page 24).*
el suéter   *Ver La ropa (página 24).*

to swim
nadar

The fish likes to swim.

Al pez le gusta nadar.

swimming *See Games and Sports (page 44).*
la natación   *Ver Los juegos y los deportes (página 44).*

table
la mesa

There is a chicken on the table.

Hay un pollo sobre la mesa.

tail
el rabo

He has a long tail.

Tiene un rabo largo.

to take
llevar

He is going to take the suitcase with him.

Va a llevar la maleta.

to talk
hablar

They like to talk on the phone.

Les gusta hablar por teléfono.

tall
alto

The red one is very tall.

El rojo es muy alto.

---

tambourine
la pandereta

Shake that tambourine!

¡Agita esa pandereta!

tan *See Numbers and Colors (page 68).*
canela *Ver Los numeros y los colores. (página 68).*

to taste *See People (page 76).*
probar *Ver Las personas (página 76).*

taxi *See Transportation (page 108).*
el taxi *Ver Los medios de transporte (página 108).*

teacher
la maestra

Our teacher helps us to learn.

Nuestra maestra nos ayuda a aprender.

tear
la lágrima

There is a tear on her cheek.

Tiene una lágrima en la mejilla.

telephone
el teléfono

People can call you
on the telephone.

**Te pueden llamar
por teléfono.**

television
la televisión

My goldfish likes to
watch television.

**A mi pez de colores
le gusta mirar
la televisión.**

to tell
decir

Mom has to tell her
the word.

**Mamá le tiene que
decir la palabra.**

ten   *See Numbers and Colors (page 68).*
diez   *Ver Los números y los colores (página 68).*

tennis   *See Games and Sports (page 44).*
el tenis   *Ver Los juegos y los deportes
(página 44).*

tent
la tienda de campaña

What is inside the tent?

**¿Qué hay dentro de
la tienda de campaña?**

termite   *See Insects (page 52).*
la termita   *Ver Los insectos (página 52).*

terrible
terrible

What a terrible mess!

**¡Qué terrible
desorden!**

to thank
agradecer

He wants to thank the
firefighter.

**Quiere agradecer
al bombero.**

that
eso

What is that?

¿Qué es eso?

the
el, la, los, las

The apple, the banana, and the pears are running away.

La manzana, el plátano y las peras se escapan.

their
sus

They are pointing to their suitcases.

Ellos señalan sus maletas.

them
les

The shoes belong to them.

Los zapatos les pertenecen.

then
luego

Get into bed. Then sleep.

Ve a la cama. Luego, duérmete.

there
allí

There she is!

¡Allí está!

these
estos

No one wants these eggs.

Nadie quiere estos huevos.

they
ellos

See the mice? They are dancing.

¿Ves los ratones? Ellos están bailando.

thin
delgado

One clown is thin.

Uno de los payasos es delgado.

thing
la cosa

What is this thing?

¿Qué es esta cosa?

to think
pensar

We use our brain
to think.

**Usamos el cerebro
para pensar.**

thirsty, to be
tener sed

He is thirsty.

Tiene sed.

thirteen *See Numbers and Colors (page 68).*
trece *Ver Los números y los colores (página 68).*

thirty *See Numbers and Colors (page 68).*
treinta *Ver Los números y los colores (página 68).*

this
este

This baby is sad.

**Este bebé
está triste.**

those
esos

Those babies
are happy.

**Esos bebés están
contentos.**

thousand *See Numbers and Colors (page 68).*
mil *Ver Los números y los colores (página 68).*

three *See Numbers and Colors (page 68).*
tres *Ver Los números y los colores (página 68).*

through
por

The ball is coming
through the window.

**La pelota entra
por la ventana.**

to throw
lanzar

We like to throw
the ball.

**A nosotros nos
gusta lanzar
la pelota.**

thumb *See People (page 76).*
el pulgar *Ver Las personas (página 76).*

thunder
el trueno

Thunder is loud.

**El trueno es
ruidoso.**

Thursday
jueves

On Thursday, we wash clothes.

El jueves lavamos la ropa.

---

tire
el neumático

One tire is flat.

Un neumático está desinflado.

---

tie   *See Clothing (page 24).*
la corbata   *Ver La ropa (página 24).*

---

tired
cansada

She is tired.

Ella está cansada.

---

to tie
atar

Is he going to tie his shoelaces?

¿Va a atarse los cordones?

---

to
a

He is going to school.

Va a la escuela.

---

tiger
el tigre

This is a tiger.

Éste es un tigre.

---

today
hoy

Today is her birthday.

Hoy es su cumpleaños.

---

time
la hora

It is time to wash the dishes.

Es hora de lavar los platos.

---

toe   *See People (page 76).*
el dedo del pie   *Ver Las personas (página 76).*

together
juntos

They are sitting together.

Ellos se sientan juntos.

too
también

The baby is singing, too.

El bebé también canta.

tomato
el tomate

Mmm! It is a big, juicy tomato.

¡Qué rico! Es un tomate grande y jugoso.

tooth *See People (page 76).*
el diente *Ver Las personas (página 76).*

toothbrush
el cepillo de dientes

My toothbrush is red.

Mi cepillo de dientes es rojo.

tomorrow
mañana

Tomorrow is another day.

Mañana es otro día.

top
encima

The bird is on top.

El ave está encima.

to touch *See People (page 76).*
tocar *Ver Las personas (página 76).*

tonight
esta noche

He is sleepy tonight.

Tiene sueño esta noche.

towel
la toalla

He needs a towel.

Necesita una toalla.

town
la ciudad

The ant lives in a town.

La hormiga vive en una ciudad.

tree
el árbol

There is a cow in that tree.

Hay una vaca en ese árbol.

toy
el juguete

He has all kinds of toys.

Tiene todo tipo de juguetes.

triangle
el triángulo

A triangle has three sides.

Un triángulo tiene tres lados.

track
la huella

That is a rabbit track.

Ésa es la huella de un conejo.

to trick
hacer trucos

Her job is to trick us.

Su oficio es hacer trucos.

train *See Transportation (page 108).*
el tren *Ver Los medios de transporte (página 108).*

trip
el viaje

She is going on a trip.

Ella se va de viaje.

treat
la delicia

A bone is a treat.

Un hueso es una delicia.

to trip
tropezar

It is no fun to trip.

Tropezar no es divertido.

Transportation

Los medios de transporte

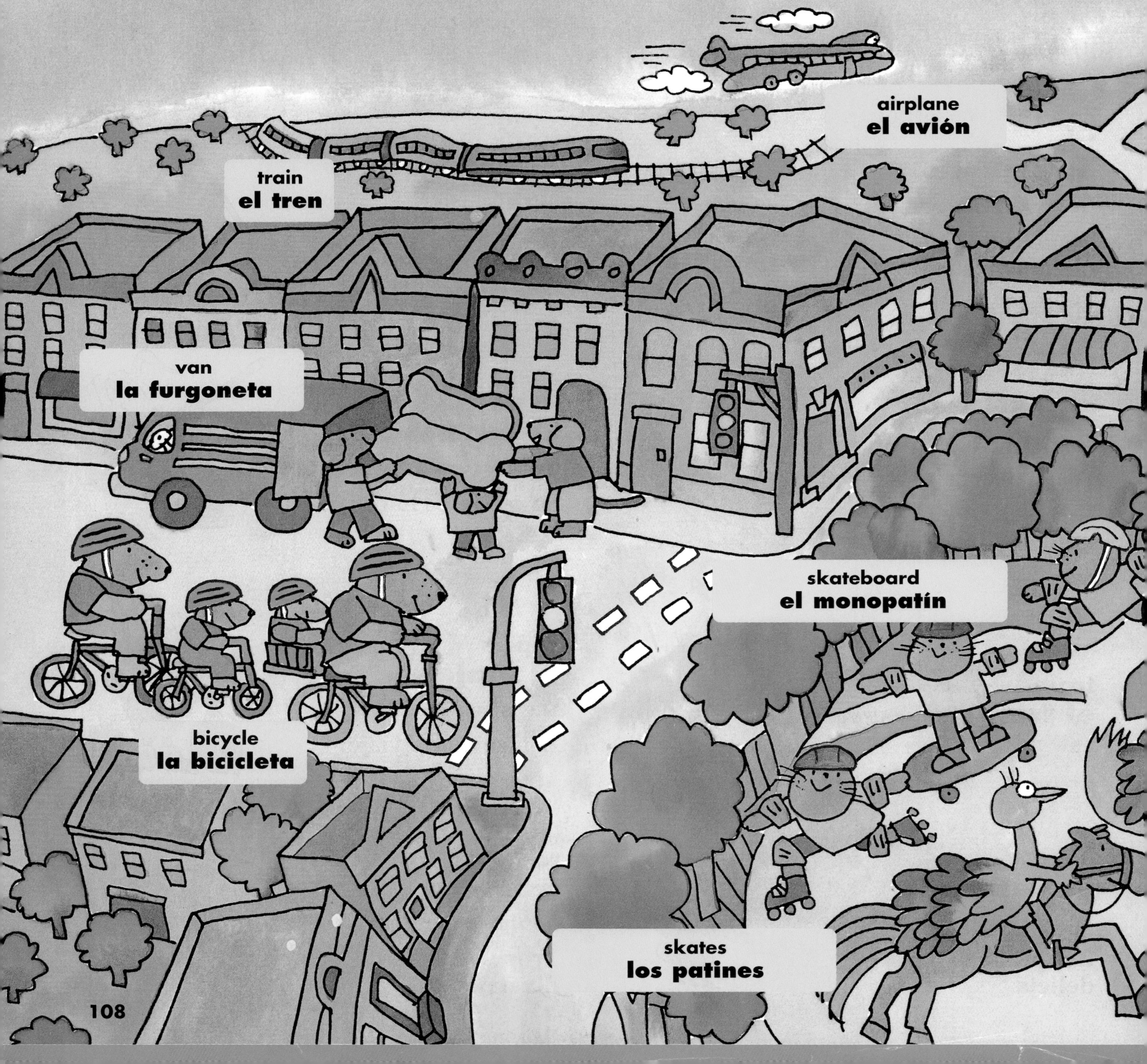

airplane
el avión
train
el tren
van
la furgoneta
skateboard
el monopatín
bicycle
la bicicleta
skates
los patines

helicopter
el helicóptero

sailboat
el velero

boat
el barco

car
el automóvil

truck
el camión

subway
el tren subterráneo

horse
el caballo

taxi
el taxi

bus
el autobús

109

truck *See Transportation (page 108).*
el camión *Ver Los medios de transporte (página 108).*

trumpet
la trompeta

This is a trumpet.

Ésta es una trompeta.

to try
tratar

He wants to try to climb it.

Quiere tratar de escalarla.

Tuesday
martes

On Tuesday we wash the floors.

El martes lavamos los pisos.

tulip
el tulipán

There is a tulip on his head.

Tiene un tulipán en la cabeza.

to turn
girar

You have to turn it.

Tienes que hacerlo girar.

turtle
la tortuga

That is a fast turtle!

¡Qué tortuga tan rápida!

twelve *See Numbers and Colors (page 68).*
doce *Ver Los números y los colores (página 68).*

twenty *See Numbers and Colors (page 68).*
veinte *Ver Los números y los colores (página 68).*

twins
los mellizos

They are twins.

Ellos son mellizos.

two *See Numbers and Colors (page 68).*
dos *Ver Los números y los colores (página 68).*

ugly
feo

Do you think the toad is ugly?

¿Crees que el sapo es feo?

umbrella
el paraguas

She has a yellow umbrella.

Tiene un paraguas amarillo.

uncle
el tío

My uncle is my dad's brother.

Mi tío es el hermano de mi papá.

under
debajo

There is something under the bed.

Hay algo debajo de la cama.

until
hasta

He eats until he is full.

Come hasta estar satisfecho.

up
arriba

It is scary up here!

¡Da miedo aquí arriba!

upon
sobre

The box is upon the box, upon the box.

La caja está sobre la caja que está sobre la caja.

upside-down
cabeza abajo

He is upside-down.

Él está cabeza abajo.

us
nosotros

Come with us!

¡Ven con nosotros!

to use
usar

He needs to use a comb.

Tiene que usar un peine.

vacation
la vacación

They are on vacation.

Están de vacaciones.

vacuum cleaner
la aspiradora

Here comes the vacuum cleaner!

¡Aquí está la aspiradora!

van *See Transportation (page 108).*
la furgoneta
Ver Los medios de transporte (página 108).

vegetable
la verdura

He likes vegetables.

A él le gustan las verduras.

very
mucho

It is very cold in there.

Allí hace mucho frío.

vest *See Clothing (page 24).*
el chaleco *Ver La ropa (página 24).*

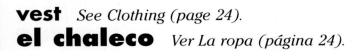

veterinarian
la veterinaria

A veterinarian helps animals.

La veterinaria cura a los animales.

village
el pueblo

What a pretty village!

¡Qué pueblo tan bonito!

violin
el violín

He is playing the violin.

Está tocando violín.

to visit
visitar

He is going to visit Grandma.

Va a visitar a la abuelita.

volcano
el volcán

Don't go near the volcano!

¡No te acerques al volcán!

to wait
esperar

He has to wait for
a bus.

**Tiene que esperar
el autobús.**

to wake up
despertarse

He is about to wake up.

**Está a punto
de despertarse.**

to walk
caminar

It is good to walk.

Caminar es bueno.

wall
la pared

John is building a wall.

**Juan construye
una pared.**

to want
querer

She is going to
want help.

**Ella va a querer
ayuda.**

warm
el calor

It is warm by the fire.

**Cerca del fuego
hace calor.**

to wash
lavar

It takes a long time
to wash some things.

**Lleva mucho tiempo
lavar algunas cosas.**

wasp   *See Insects (page 52).*
la avispa   *Ver Los insectos (página 52).*

watch
el reloj

Robert is wearing his
new watch.

**Roberto lleva su
reloj nuevo.**

to watch
observar

Peter likes to
watch ants.

**A Pedro le gusta
observar a
las hormigas.**

water
el agua
The pool is full of water.

La piscina está llena de agua.

we
nosotros
See us? We are all purple.

¿Nos ves? Nosotros somos todos morados.

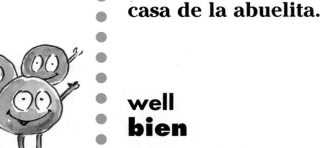

weather
el tiempo
What is the weather like today?

¿Qué tiempo hace hoy?

Wednesday
miércoles
On Wednesday, we go to work.

El miércoles vamos a trabajar.

week
la semana
Seven days make a week.

Una semana tiene siete días.

welcome
bienvenidos
We are always welcome at Grandma's house.

Siempre somos bienvenidos en casa de la abuelita.

well
bien
Thomas builds very well.

Tomás construye muy bien.

well
bien
She is not well.

Ella no se siente bien.

west
el oeste
The sun goes down in the west.

El sol se pone en el oeste.

wet
mojado
William is wet.

Guillermo está mojado.

what
qué

What is outside
the window?

**¿Qué hay frente
a la ventana?**

**wheel
la rueda**

The bicycle needs
a new wheel.

**La bicicleta necesita
una rueda nueva.**

**when
cuando**

When you sleep, you
close your eyes.

**Cuando duermes,
cierras los ojos.**

**where
donde**

This is where he
keeps his dinner.

**Aquí es donde
guarda su cena.**

**which
cuál**

Which one do
you want?

¿Cuál quieres?

**while
mientras**

I run while he sleeps.

**Yo corro mientras
él duerme.**

**whiskers
los bigotes**

This animal has long
whiskers.

**Este animal tiene
bigotes largos.**

**to whisper
susurrar**

This animal needs
to whisper.

**Este animal tiene
que susurrar.**

**whistle
el silbato**

They can hear
the whistle.

**Ellos oyen
el silbato.**

white *See Numbers and Colors (page 68).*
blanco *Ver Los números y los colores (página 68).*

**who
quién**

Who are you?

¿Quién eres?

whole
todo

Can she eat the
whole thing?

**¿Puede comérselo
todo?**

why
por qué

Why is the baby
crying?

**¿Por qué llora
el bebé?**

wife
la esposa

She is his wife.

Ella es su esposa.

wind
el viento

The wind is blowing.

El viento sopla.

window
la ventana

I can see through
the window.

Veo por la ventana.

to wink
guiñar

It is fun to wink.

Es divertido guiñar.

winter
el invierno

He skis in the winter.

**Él esquía en
invierno.**

wish
el deseo

The girl has a wish.

**La niña tiene
un deseo.**

with
con

The cat is dancing
with the dog.

**El gato baila con
el perro.**

without
sin

He is going without
his sister.

**Él va sin su
hermana.**

woman
la mujer

My grandma is a
nice woman.

**Mi abuelita es una
mujer simpática.**

to work
trabajar

She has to work
hard today.

**Ella tiene que
trabajar mucho hoy.**

wonderful
maravillosos

They are wonderful
dancers.

**Ellos son unos
bailarines
maravillosos.**

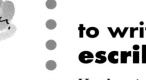

world
el mundo

The world is beautiful.

El mundo es hermoso.

woods
el bosque

Someone is walking
in the woods.

**Alguien camina
en el bosque.**

worried
preocupado

He is worried.

Él está preocupado.

word
la palabra

Do not say a word.

**No digas ni una
palabra.**

to write
escribir

Katherine is trying to
write with the pencil.

**Catalina trata de
escribir con el lápiz.**

work
el trabajo

That is hard work.

Es un trabajo difícil.

wrong
equivocados

They are putting on
the wrong hats.

**Se están poniendo
los sombreros
equivocados.**

117

X-ray
la radiografía

The X-ray shows bones.

La radiografía muestra sus huesos.

year
el año

He runs all year.

Él corre todo el año.

xylophone
el xilófono

He's a great xylophone player.

Toca muy bien el xilófono.

yellow
amarillo

See Numbers and Colors (page 68).

Ver Los números y los colores (página 68).

yes
sí

Is he yellow? Yes! He is.

¿Es amarillo? ¡Sí! Lo es.

Y

yesterday
ayer

Yesterday is the day before today.

Ayer es el día anterior a hoy.

yard
el jardín

There is a dinosaur in our yard!

¡Tenemos un dinosaurio en el patio!

you
tú

You are reading this book.

Tú lees este libro.

yawn
el bostezo

What a big yawn!

¡Qué bostezo tan grande!

your
tus

What color are your eyes?

¿De qué color son tus ojos?

zebra
la cebra

You cannot have
a pet zebra!

**¡No puedes tener
una cebra
de mascota!**

zero *See Numbers and Colors (page 68).*
cero *Ver Los números y los colores (página 68).*

zigzag
el zigzag

The house has
zigzags on it.

**La casa tiene líneas
en zigzag.**

to zip
cerrar
la cremallera

The bee wants to
zip her jacket.

**La abeja quiere
cerrar la cremallera
de su chaqueta.**

zipper
la cremallera

The zipper is stuck.

**La cremallera
está trabada.**

zoo
el zoológico

I can see many animals
at the zoo.

**Veo muchos
animales en
el zoológico.**

to zoom
zumbar

A rocket seems to
zoom into space.

**El cohete va
zumbando hacia
el espacio.**

A Family Dinner
Una cena familiar

Dinner is ready!
It's time to eat.
¡La cena está lista!
Es hora de comer.

The chicken and vegetables
look delicious.
El pollo y las verduras se
ven deliciosos.

Mmmm! They *are* delicious!
¡Mmmm! ¡*Están* deliciosos!

Here is your napkin.
Aquí está tu servilleta.

Please pass the salt
and pepper.
Pásame la sal y
la pimienta, por favor.

Dinner is great.
Thanks, Mom.
La cena está riquísima.
Gracias, mamá.

You're welcome, dear.
De nada, querida.

Do you want
more milk?
¿Quieres más leche?

No, thank you.
No, gracias.

May I please be excused?
¿Me disculpan?

In a few minutes!
But please help us clear
the table first.
¡En unos minutos!
Ayúdanos primero a
recoger la mesa.

Of course.
Claro que sí.

Meeting and Greeting
Presentaciones y saludos

Hello!
¡Hola!

Hi!
¡Hola!

How are you?
¿Cómo estás?

I am fine, thank you.
Muy bien, gracias.

What is your name?
¿Cómo te llamas?

My name is Maria.
What is your name?
**Me llamo María.
¿Cómo te llamas tú?**

My name is Susan.
Me llamo Susana.

What a beautiful day!
¡Qué día tan hermoso!

Do you live near the park?
¿Vives cerca del parque?

Yes, I live across the street.
Sí, vivo enfrente.

Where do you live?
¿Dónde vives tú?

I live on Main Street.
Vivo en la calle Main.

Do you know what time it is?
¿Sabes qué hora es?

It is three o'clock.
Son las tres en punto.

Oh, I have to go now.
¡Ah! Tengo que irme.

It was nice to meet you.
**Fue un placer
conocerte.**

Good-bye!
¡Adiós!

See you soon!
¡Hasta pronto!

Word List

A

a, to, 105
abajo, down, 32
abeja (la), bee, 52
abierta, open, 72
abrazo (el), hug, 50
abrigo (el), coat, 24
abril, April, 9
abuela (la), grandmother, 43
abuelita (la), grandma, 43
abuelito (el), grandpa, 43
abuelo (el), grandfather, 43
acabar, to end, 35
acariciar, to pat, 75
acera (la), sidewalk, 93
actuación (la), show, 93
adentro, into, 51
adiós, good-bye, 42
adivinar, to guess, 46
adornos (los), decorations, 30
aeropuerto (el), airport, 8
afuera, out, 73
agarrar, to get, 41
agarrar, to grab, 43
agente de policía (la), police officer, 80
agitado, excited, 35
agosto, August, 12
agradecer, to thank, 102
agua (el), water, 114
agujero (el), hole, 49
ahora, now, 70
aire (el), air, 7
al aire libre, outdoors, 73
al lado de, by, 20
al lado, next, 67
al otro lado, across, 7
alcalde (el), mayor, 62
alcancía (la), bank, 14
alentar, to cheer, 23
alfombra (la), rug, 89
algo, something, 96
alguien, someone, 96
algún día, someday, 96
algunas, some, 96
allí, there, 103
almohada (la), pillow, 79
almuerzo (el), lunch, 60
alrededor, around, 9
alta, high, 48
alto, tall, 101
amable, polite, 80

amarillo, yellow, 68
amigo (el), friend, 40
amor (el), love, 60
anaranjado, orange, 68
anillo (el), ring, 88
año (el), year, 118
anteojos (los), glasses, 42
antes, before, 15
apartamento (el), apartment, 9
aplaudir, to clap, 26
apurarse, to hurry, 50
aquí, here, 48
araña (la), spider, 97
árbol (el), tree, 107
arbusto (el), bush, 20
arco iris (el), rainbow, 84
ardilla (la), squirrel, 97
arena (la), sand, 90
arenosa, sandy, 90
armadillo (el), armadillo, 9
armario (el), closet, 86
arpa (el), harp, 47
arreglar, to fix, 38
arrepentida, sorry, 97
arriba, up, 111
arroz (el), rice, 85
arte (el), art, 9
asiento (el), seat, 91
asno (el), donkey, 32
aspiradora (la), vacuum cleaner, 112
atar, to tie, 105
ático (el), attic, 86
atrapar, to catch, 23
aún, still, 98
autobús (el), bus, 108
automóvil (el), car, 108
ave (el), bird, 17
aventura (la), adventure, 7
avestruz (el), ostrich, 72
avión (el), airplane, 108
avispa (la), wasp, 52
ay, ouch, 73
ayer, yesterday, 118
ayuda (la), help, 48
azul, blue, 68

B

bache (el), bump, 19
bailar, to dance, 30
bajo, low, 60
bajo, short, 93
baloncesto (el), basketball, 44

bañarse, bath, 14
banda (la), band, 13
bandera (la), flag, 38
baño (el), bathroom, 86
barbero (el), barber, 14
barco (el), boat, 108
bastante, quite, 83
bate (el), bat, 14
baya (la), berry, 16
bebé (el), baby, 13
beber, to drink, 33
béisbol (el), baseball, 44
beso (el), kiss, 55
biblioteca (la), library, 58
bicicleta (la), bicycle, 108
bien, well, 114
bienvenidos, welcome, 114
bigotes (los), whiskers, 115
blanco, white, 68
blusa (la), blouse, 24
boca (la), mouth, 76
bola de nieve (la), snowball, 95
bolos (los), bowling, 44
bolsa (la), bag, 13
bolsillo (el), pocket, 80
bombero (el), firefighter, 38
bonita, pretty, 81
bonitas, beautiful, 15
bonito, cute, 29
bosque (el), woods, 117
bostezo (el), yawn, 118
botas (las), boots, 24
botella (la), bottle, 18
botón (el), button, 20
brazo (el), arm, 76
buena, kind, 55
bueno, good, 42
bufanda (la), scarf, 24
burbuja (la), bubble, 19
buzón (el), mailbox, 61

C

caballo (el), horse, 10
cabello (el), hair, 76
cabeza (la), head, 76
cabeza abajo, upside-down, 111
cabra (la), goat, 10
cachivaches (los), junk, 54
cachorro (el), puppy, 82
cada, each, 34
caer, to fall, 36
caimán (el), alligator, 10

caja (la), box, 18
calcetines (los), socks, 24
caliente, hot, 49
calle (la), street, 99
calor (el), warm, 113
cama (la), bed, 15
cámara (la), camera, 21
cambiar, to change, 23
camello (el), camel, 21
caminar, to walk, 113
camino (el), road, 88
camión (el), truck, 108
camisa (la), shirt, 24
campana (la), bell, 16
campo (el), country, 29
canasta (la), basket, 14
canción (la), song, 96
canela, tan, 68
canguro (el), kangaroo, 10
cansada, tired, 105
cantar, to sing, 94
cara (la), face, 76
caracol (el), snail, 95
caramelo (el), candy, 21
carne (la), meat, 62
carpintero (el), carpenter, 22
carrera (la), race, 84
carrera (la), running, 44
carta (la), card, 22
carta (la), letter, 58
cartera (la), purse, 82
cartero (el), mail carrier, 61
casa (la), house, 50
casi, almost, 8
casi toda, most, 64
castañuelas (las), castanets, 22
castillo (el), castle, 22
catorce, fourteen, 68
cavar, to dig, 31
cebolla (la), onion, 72
cebra (la), zebra, 119
celebrar, to celebrate, 23
cena (la), dinner, 31
cepillo (el), brush, 19
cepillo de dientes (el), toothbrush, 106
cerca (la), fence, 37
cerca, close, 27
cerdo (el), pig, 10
cereza (la), cherry, 26
cero, zero, 68
cerrar, to close, 27
cerrar con llave, to lock, 60
cerrar la cremallera, to zip, 119

ciclismo (el), biking, 44
cielo (el), sky, 94
cien, hundred, 68
cinco, five, 68
cincuenta, fifty, 68
cinturón (el), belt, 24
circo (el), circus, 26
círculo (el), circle, 26
ciudad (la), city, 26
ciudad (la), town, 107
clase (la), class, 26
clavar, to pound, 81
clavo (el), nail, 66
cocina (la), kitchen, 86
cocinar, to cook, 28
colina (la), hill, 48
collar (el), necklace, 66
comedor (el), dining room, 86
comenzar, to begin, 15
comenzar, to start, 98
comer, to eat, 34
comestibles (los), groceries, 46
cometa (la), kite, 56
comida (la), food, 39
comida campestre (la), picnic, 78
comisaría (la), police station, 80
como, as, 9
como, like, 59
cómo, how, 50
comprar, to buy, 20
comprar, to shop, 92
computadora (la), computer, 28
con, with, 116
conducir, to drive, 33
conejo (el), rabbit, 10
conocer, to meet, 63
construir, to build, 19
contar, to count, 28
contenta, glad, 41
corazón (el), heart, 48
corbata (la), tie, 24
corneta (la), horn, 49
correo (el), mail, 61
correo (el), post office, 81
correr, to run, 89
cortar, to cut, 29
cosa (la), thing, 103
crayón (el), crayon, 29
crecer, to grow, 46
creer, to believe, 16
cremallera (la), zipper, 119
críquet (el), cricket, 44
cua, quack, 83
cuadrado (el), square, 97
cuál, which, 115
cuando, when, 115

cuarenta, forty, 68
cuartel de policía (el), police station, 80
cuarto (el), quarter, 83
cuarto (el), room, 88
cuarto de los juguetes (el), playroom, 86
cuatro, four, 68
cuchara (la), spoon, 97
cuchillo (el), knife, 56
cuello (el), neck, 76
cuento (el), story, 99
cueva (la), cave, 23
cuidar, to care, 22
cumpleaños (el), birthday, 17

Ch

chal (el), shawl, 24
chaleco (el), vest, 24
chaqueta (la), jacket, 24
chocolate (el), chocolate, 26

D

dar, to give, 41
de, of, 71
de pronto, suddenly, 99
debajo, under, 111
decidir, to decide, 30
decir, to say, 91
decir, to tell, 102
decisión (la), decision, 30
dedo (el), finger, 76
dedo del pie (el), toe, 76
dejar, to let, 58
dejar, to quit, 83
dejar caer, to drop, 33
delfín (el), dolphin, 32
delgado, thin, 103
delicia (la), treat, 107
dentista (la), dentist, 31
dentro, inside, 51
derecha, right, 85
desayuno (el), breakfast, 18
deseo (el), wish, 116
desinflado, flat, 38
desorden (el), mess, 63
desordenado, messy, 63
despertarse, to wake up, 113
despierto, awake, 12
después, after, 7
detenerse, to stop, 98
detrás, behind, 16
día (el), day, 30
dibujar, to draw, 33
dibujo (el), drawing, 33
dibujo (el), picture, 79
diciembre, December, 30
diecinueve, nineteen, 68

dieciocho, eighteen, 68
dieciséis, sixteen, 68
diecisiete, seventeen, 68
diente (el), tooth, 76
diez, ten, 68
diferente, different, 31
difícil, difficult, 31
dinero (el), money, 64
dinosaurio (el), dinosaur, 31
discutir, to quarrel, 83
divertido, fun, 40
doce, twelve, 68
doctor (el), doctor, 32
doler, to hurt, 50
domingo, Sunday, 100
donde, where, 115
dormir, to sleep, 94
dormitorio (el), bedroom, 86
dos, two, 68
dragón (el), dragon, 33
dura, hard, 47

E

edredón (el), quilt, 83
el, la, los, las, the, 103
él, he, 47
elefante (el), elephant, 10
ella, she, 92
ellos, they, 103
emparedado (el), sandwich, 90
empujar, to push, 82
en, at, 12
en, in, 51
en blanco, blank, 17
encantar, to love, 60
encima, over, 73
encima, top, 106
enero, January, 54
enfermera (la), nurse, 70
enfermo, sick, 93
enojadas, mad, 61
enorme, huge, 50
ensalada (la), salad, 90
entre, between, 16
enviar, to send, 92
equivocados, wrong, 117
escalera (la), ladder, 57
escarabajo (el), beetle, 52
escoba (la), broom, 19
esconderse, to hide, 48
escribir, to write, 117
escritorio (el), desk, 31
escuchar, to listen, 59
escuela (la), school, 91
eso, that, 102
esos, those, 104
espalda (la), back, 13
especial, special, 97

espejo (el), mirror, 63
esperar, to wait, 113
esposa (la), wife, 116
esposo (el), husband, 50
esquí (el), skiing, 44
esta noche, tonight, 106
estación de bomberos (la), firehouse, 38
estampilla (la), stamp, 97
estanque (el), pond, 80
estar de acuerdo, to agree, 7
estar de pie, to stand, 98
este (el), east, 34
este, this, 104
estómago (el), stomach, 76
estos, these, 103
estrella (la), star, 98
estudiante (el), student, 99
extraño, strange, 99

F

fábrica (la), factory, 36
falda (la), skirt, 24
familia (la), family, 36
fantástica, great, 46
favorito, favorite, 37
febrero, February, 37
feliz, happy, 47
feo, ugly, 111
fiesta (la), party, 75
flauta (la), flute, 39
flor (la), flower, 39
fotografía (la), photograph, 78
fregar, to scrub, 91
frente, front, 40
fresa (la), strawberry, 99
frijoles (los), beans, 15
frío (el), cold, 28
frotar, to rub, 89
fruta (la), fruit, 40
fuego (el), fire, 37
fuente (la), bowl, 18
fuerte, loud, 60
furgoneta (la), van, 108
fútbol (el), soccer, 44

G

galletita (la), cookie, 28
gallo (el), rooster, 10
ganar, to earn, 34
ganso (el), goose, 42
garaje (el), garage, 86
gatito (el), kitten, 56
gato (el), cat, 22
gente (la), people, 78
girar, to turn, 110
girasol (el), sunflower, 100

globo (el), balloon, 13
golf (el), golf, 44
golpear, to knock, 56
gordo, fat, 36
gorila (el), gorilla, 43
gorra (la), cap, 24
gota de lluvia (la), raindrop, 84
graciosa, funny, 40
grande, big, 16
grillo (el), cricket, 52
gris, gray, 68
gritar, to shout, 93
grupo (el), group, 46
guantes (los), gloves, 24
guiñar, to wink, 116
guisante (el), pea, 75
guitarra (la), guitar, 46
gustar, to like, 59

H

hablar, to talk, 101
hacer, to do, 32
hacer, to make, 61
hacer trucos, to trick, 107
hallar, to find, 37
hamaca (la), hammock, 47
hasta, until, 111
helado (el), ice cream, 51
helicóptero (el), helicopter, 108
hermana (la), sister, 94
hermano (el), brother, 19
hielo (el), ice, 51
hipopótamo (el), hippopotamus, 10
hogar (el), home, 49
hoja (la), leaf, 57
hola, hello, 48
hola, hi, 48
hombre (el), man, 61
hora (la), hour, 50
hora (la), time, 105
hormiga (la), ant, 52
horno (el), oven, 73
hospital (el), hospital, 49
hotel (el), hotel, 49
hoy, today, 105
huella (la), track, 107
huevo (el), egg, 34
humo (el), smoke, 95
hurrá, hooray, 49

I

idea (la), idea, 51
iguales, same, 90
impermeable (el), raincoat, 24
importante, important, 51

insecto (el), bug, 19
invierno (el), winter, 116
ir, to go, 42
ir, to leave, 58
isla (la), island, 51
izquierda, left, 58

J

jabón (el), soap, 96
jaguar (el), jaguar, 10
jalar, to pull, 82
jardín (el), garden, 41
jardín (el), yard, 118
jaula (la), cage, 21
jirafa (la), giraffe, 10
juego (el), game, 41
jueves, Thursday, 105
jugar, to play, 79
jugo (el), juice, 54
juguete (el), toy, 107
julio, July, 54
junio, June, 54
juntos, together, 106

K

L

lado (el), side, 93
ladrar, to bark, 14
lago (el), lake, 57
lágrima (la), tear, 101
lamer, to lick, 58
lámpara (la), lamp, 57
lanzar, to throw, 104
lápiz (el), pencil, 75
larga, long, 60
lata (la), can, 21
lavadero (el), laundry room, 86
lavar, to wash, 113
leche (la), milk, 63
lechuza (la), owl, 73
leer, to read, 84
lejano, faraway, 36
lejos, away, 12
lejos, far, 36
lenta, slow, 95
león (el), lion, 10
leopardo (el), leopard, 58
les, them, 103
letrero (el), sign, 93
librería (la), bookstore, 17
libro (el), book, 17
limón (el), lemon, 58
limpiar, to clean, 27
limpio, clean, 27
lindo, nice, 67

línea (la), line, 59
lista, ready, 84
loro (el), parrot, 75
luciérnaga (la), firefly, 52
luego, then, 103
luna (la), moon, 64
lunes, Monday, 64
luz (la), light, 59

Ll

llama (la), llama, 10
llamar, to call, 21
llave (la), key, 55
lleno, crowded, 29
lleno, full, 40
llevar, to carry, 22
llevar, to take, 101
llorar, to cry, 29
llueve, raining, 84
lluvia (la), rain, 84

M

madre (la), mother, 65
maestra (la), teacher, 101
maleta (la), suitcase, 99
malo, bad, 13
mamá (la), mom, 64
mango (el), mango, 61
mano (la), hand, 76
manta (la), blanket, 17
mantequilla (la), butter, 20
mantis religiosa (la), mantis, 52
manzana (la), apple, 9
mañana (la), morning, 64
mañana, tomorrow, 106
mapa (el), map, 61
mar (el), ocean, 71
mar (el), sea, 91
maraca (la), maraca, 62
maravillosos, wonderful, 117
mariposa (la), butterfly, 52
marrón, brown, 68
martes, Tuesday, 110
martillo (el), hammer, 47
marzo, March, 62
más, more, 64
mascota (la), pet 78
matemáticas (las), math, 62
mayo, May, 62
mediodía (el), noon, 67
mejor (la), best, 16
mejor, better, 16
mellizos (los), twins, 110
melocotón (el), peach, 75
mermelada (la), jam, 54
mes (el), month, 64
mesa (la), table, 101

mezclar, to mix, 63
mi, my, 65
mí, me, 62
miau, meow, 63
miedo (el), afraid, 7
mientras, while, 115
miércoles, Wednesday, 114
mil, thousand, 68
minuto (el), minute, 63
mirar, to look, 60
mitad (la), half, 47
mitones (los), mittens, 24
mojado, wet, 114
mono (el), monkey, 10
monopatín (el), skateboard, 108
montaña (la), mountain, 65
montar, to ride, 85
morado, purple, 68
mosca (la), fly, 52
mosquito (el), mosquito, 52
mostrar, to show, 93
motocicleta (la), motorcycle, 108
muchas, lots, 60
mucho, much, 65
mucho, very, 112
muchos, many, 61
mudarse, to move, 65
mujer (la), woman, 117
mundo (el), world, 117
muñeca (la), doll, 32
murciélago (el), bat, 14
música (la), music, 65

N

nada, nothing, 70
nadar, to swim, 100
naranja (la), orange, 72
nariz (la), nose, 76
natación (la), swimming, 44
necesitar, to need, 66
negro, black, 68
neumático (el), tire, 105
nevera (la), refrigerator, 85
nido (el), nest, 66
niebla (la), fog, 39
nieve (la), snow, 95
niña (la), child, 26
niña (la), girl, 41
niño (el), boy, 18
no, no, 67
no, not, 70
noche (la), night, 67
nombre (el), name, 66
norte (el), north, 70
nosotros, us, 111
nosotros, we, 114
nota (la), note, 70

noventa, ninety, 68
noviembre, November, 70
nube (la), cloud, 27
nueve, nine, 68
nuevo, new, 66
nuez (la), nut, 70
número (el), number, 70
nunca, never, 66

Ñ

O

o, or, 72
observar, to watch, 113
ochenta, eighty, 68
ocho, eight, 68
octubre, October, 71
ocupado, busy, 20
oeste (el), west, 114
oficina (la), office, 86
oh, oh, 71
oír, to hear, 76
ojo (el), eye, 76
oler, to smell, 76
olla (la), pan, 74
olla (la), pot, 81
olvidar, to forget, 39
once, eleven, 68
oreja (la), ear, 76
orejeras (las), earmuffs, 24
orgullosa, proud, 82
oruga (la), caterpillar, 52
oscuro, dark, 30
oso (el), bear, 10
otoño (el), fall, 36
otro, other, 73
oveja (la), sheep, 10

P

padre (el), father, 37
padre (el), parent, 74
página (la), page, 74
pala (la), shovel, 93
palabra (la), word, 117
palo (el), stick, 98
pan (el), bread, 18
panadería (la),bakery, 13
panda (el), panda, 74
pandereta (la), tambourine, 101
pantalones (los), pants, 24
papa (la), potato, 81
papá (el), dad, 30
papel (el), paper, 74
para, for, 39
paraguas (el), umbrella, 111
pared (la), wall, 113

parque (el), park, 74
parque de recreo (el), playground, 80
parte (la), part, 75
pasillo (el), hall, 86
pastel (el), cake, 21
pasto (el), grass, 43
pata (la), paw, 75
patear, to kick, 55
patinaje (el), skating (ice), 44
patines (los), skates, 108
pato (el), duck, 10
payaso (el), clown, 28
pegajoso, sticky, 98
pegarle, to hit, 49
peine (el), comb, 28
peinar, to comb, 28
película (la), movie, 65
peligro (el), danger, 30
pelota (la), ball, 13
pensar, to think, 104
pequeña, small, 95
pequeño, little, 59
perder, to lose, 60
perder, to miss, 63
perdido, lost, 60
perezoso, lazy, 57
perfume (el), perfume, 78
periódico (el), newspaper, 66
pero, but, 20
perro (el), dog, 32
pez (el), fish, 10
piano (el), piano, 78
pie (el), foot, 76
pierna (la), leg, 76
pijama (el), pajamas, 74
pimienta (la), pepper, 78
pimientos (los), peppers, 78
ping-pong (el), ping-pong, 44
pingüino (el), penguin, 78
pintor (el), painter, 74
pintura (la), paint, 74
pisar, to step, 98
pizza (la), pizza, 79
planear, to plan, 79
plantar, to plant, 79
plátano (el), banana, 13
plato (el), dish, 32
playa (la), beach, 15
pluma (la), feather, 37
pluma (la), pen, 75
pobre, poor, 81
polilla (la), moth, 52
pollo (el), chicken, 10
polvo (el), dust, 33
poner, to place, 79
ponerse, to put, 82
por, along, 8
por, through, 104
por favor, please, 80

por qué, why, 116
por todas partes, everywhere, 35
porche (el), porch, 86
porque, because, 15
portón (el), gate, 41
pote (el), jar, 54
pregunta (la), question, 83
preguntar, to ask, 12
premio (el), prize, 82
preocupado, worried, 117
primavera (la), spring, 97
primero (el), first, 38
princesa (la), princess, 81
príncipe (el), prince, 81
probar, to taste, 76
pronto, soon, 96
pueblo (el), village, 112
puente (el), bridge, 19
puerta (la), door, 32
pulga (la), flea, 52
pulgar (el), thumb, 76
punta (la), point, 80
punto (en), o'clock, 71

Q

qué, what, 115
quedar, to keep, 55
quedarse, to stay, 98
querer, to want, 113
queso (el), cheese, 23
quién, who, 115
quince, fifteen, 68
quizás, maybe, 62

R

rabo (el), tail, 101
radio (la), radio, 84
radiografía (la), X-ray, 118
raíz (la), root, 89
rama (la), branch, 18
rana (la), frog, 10
rápido, fast, 36
rápido, quick, 83
ratón (el), mouse, 65
recoger, to pick, 78
recordar, to remember, 85
redondas, round, 89
regalo (el), present, 81
regazo (el), lap, 57
reina (la), queen, 83
reírse, to laugh, 57
relámpago (el), lightning, 59
reloj (el), clock, 27
reloj (el), watch, 113
remedio (el), medicine, 62
responder, to answer, 8
restaurante (el), restaurant, 85

rey (el), king, 55
rico, rich, 85
río (el), river, 88
robot (el), robot, 88
roca (la), rock, 88
rodilla (la), knee, 76
rojo, red, 68
rompecabezas (el), puzzle, 82
romper, to break, 18
roncar, to snore, 95
rosa (la), rose, 89
rosado, pink, 68
rueda (la), wheel, 115
ruido (el), noise, 67
ruidosos, noisy, 67

S

sábado, Saturday, 90
saber, to know, 56
sal (la), salt, 90
sala (la), living room, 86
salchicha (la), sausage, 90
salón de clases (el), classroom, 27
saltamontes (el), grasshopper, 52
saltar, to hop, 49
saltar, to jump, 54
seca, dry, 33
sección (la), department, 31
secreto (el), secret, 91
segura, sure, 100
seis, six, 68
semana (la), week, 114
semilla (la), seed, 92
señalar, to point, 80
sentarse, to sit, 94
sentirse, to feel, 37
septiembre, September, 92
ser, to be, 14
serpiente (la), snake, 10
sesenta, sixty, 68
setenta, seventy, 68
sí, yes, 118
sierra (la), saw, 91
siete, seven, 68
significar, to mean, 62
siguiente, next, 67
silbato (el), whistle, 115
silencio (el), quiet, 83
silla (la), chair, 23
sin, without, 116
sobre, on, 71
sobre, upon, 111
sofá (el), sofa, 96
sol (el), sun, 100
soleados, sunny, 100
sombrero (el), hat, 24